協同学習がつくる
アクティブ・ラーニング

編著 杉江 修治

明治図書

まえがき

　アクティブ・ラーニングは，大学教育の改善への取り組みから使われはじめたことばです。それが高校の実践でも，さらには小・中学校の実践でも，重要な改善の視点として取り上げられるようになってきました。

　私は教育心理学の視点から，協同学習の実践的な研究をし，年間50～80の小・中高校の実践づくりにかかわってきました。学校における実践づくりの文化に多くふれてきた経験から，今回の，アクティブ・ラーニングへの関心が高まってきていることに対して，大変興味深く思っていることがあります。

　それは，これほど「ラーニング＝学習」が表立って取り上げられたことはかつてなかったのではないかということです。文部科学省が提唱する実践づくりは「習熟度別指導」「少人数指導授業」などのように「指導」の観点で一貫してきました。学習指導は「指導」という教師の活動に重点を置き，子どもたちの「学習」に実質的に目を向けることが少なかったことを表していないでしょうか。

　教育心理学者の私には，これまでの実践に向けた教育の理論は，教師中心に組み立てられており，学ぶ側の視点が弱かったと思えるのです。子ども主体の授業というようなことばだけは，教育理論でも実践の場でも語られてきましたが，教育は「教え授ける」教師の仕事という理解は，根本のところでは変わっていなかったように思います。アクティブ・ラーニングが打ち出されて，やっと「学習」という，子どもの活動を明確に軸に据えた考えが出てきたという一種の感慨さえあります。

　教育心理学は，発達心理学，学習心理学，認知心理学などに基礎を置き，成長する本人の例から教育を研究してきましたから，教育心理学者が開発した学習指導の例は「プログラム学習」「発見学習」「有意味受容学習」「完全習得学習」そして「協同学習」のように，終わりが「学習」なのです。

　アクティブ・ラーニングは，学習指導の本来の主役である子どもの活動に

目を向けるための，とてもいい手がかりとなることばです。ただ，そこに実質の「学び」を入れなければ，これまでと同様，形ばかりの「教える教育」に立ちもどってしまいます。

　本書は，協同学習を理解することでアクティブ・ラーニングを実現しようという内容になっています。協同学習とアクティブ・ラーニング，2つも学ぶのかと思う必要はありません。アクティブ・ラーニングという発想は，これまでの協同学習の研究と実践という裏づけがあってなされたものなのです。後で詳しく説明しますが，協同学習は技法ではなく，非常に幅広い教育理論なのです。グループ学習が協同学習ではありません。柔軟さをもち，さまざまな実践的工夫を組み込んでいくことが可能な理論です。私は，協同学習の理論がアクティブ・ラーニングを支える基礎理論だと考えています。

　アクティブ・ラーニングの魅力は，それは協同学習も同じなのですが，その出発点に「どういう子どもにしたいか」という目標論があることです。大きな変化のある時代の中で，自立し，共生社会を支える力のある子どもを育てようという目標が先にあり，そのための実践論が考えられたということです。教師の仕事も「教え」から「育ちの支援」へと変わります。協同学習の実践でも一貫して追求してきた，教育文化の大きな転換の機会だといえるでしょう。

　本書は，小学校・中学校・高校の教師だけでなく，大学の教員にもその実践づくりに役立つ内容となっています。具体的な事例を多くつけました。ただ，それらは実践者が応用すべき事例であって，まねするものではありません。子どもの状況，教育内容，そして教師自身の個性を考えて最適の授業づくりを自分自身で進めていく，アクティブな教師となる手がかりととらえてほしいのです。

編著者

Contents

まえがき

第1章 アクティブ・ラーニングを一歩踏み込んで理解しよう …… 09

1 子どものどんな姿がアクティブなんだろう …… 10
（1）学びに向かう気持ちと確かな学力
（2）一斉講義とアクティブ・ラーニング
（3）改めて，なぜアクティブ・ラーニングなんだろう

第2章 協同学習とアクティブ・ラーニング …… 23

1 グループ学習が協同学習ではない …… 24
（1）協同学習の「進め方」より「考え方」の理解を
（2）協同の意味をとらえなおす
（3）協同学習の効果

2 なぜ協同学習が効果的なのだろう …… 29
（1）協同が意欲を高める
（2）学び合いが確かな力を育てる
（3）アクティブな学びにつながる協同学習の仕かけ

第3章 アクティブ・ラーニングの授業づくり …… 33

1 学びのマップをもたせよう …… 34
（1）受け身を強いる授業になっていないか
（2）マップの効用

（3）めあてをわかるように知らせる

　　　（4）どんな道筋で学ぶかわかるように知らせる

　　　（5）その学びの価値を知らせる

　　　（6）単元を見通すためのマップの事例

　　2　アクティブ・ラーニングの授業展開 …………………………… 49

　　　（1）授業モデルはあくまでモデル

　　　（2）アクティブな授業展開のためのいくつかの工夫

　　3　アクティブ・ラーニングの授業の終わり方 ………………… 52

　　　（1）確かな授業の振り返りをさせたい

　　　（2）振り返りの視点をどう設定したらいいか

　　　（3）振り返りの生かし方

第4章　協同的学級経営をベースに置いたアクティブ・ラーニング …………… 59

　　1　協同的な学級ではどんな活動が見られるのか ………… 60

　　　（1）高め合う学び合いの姿

　　　（2）協同的な学級集団づくりの基本

　　2　学級全体の学び合いによる授業の進め方 …………………… 63

　　　（1）学級全体の学び合い

　　　（2）クラスの課題で協同を促す

　　　（3）机配置の工夫

　　　（4）意見交流のさせ方の工夫

　　　（5）教師のまとめをどうするか

　　3　スモールグループを生かした協同学習 ……………………… 70

　　　（1）グループを使えば学び合いは起きる？

　　　（2）グループへの課題を明確に示す

　　　（3）個人思考で，話し合いへの仕込みを

（4）話し合いを成功させるための支援の仕方
　（5）グループ編成の考え方と工夫
　（6）効果的な全体交流を進めよう
　（7）教師のかかわり方

第5章 アクティブな学びを創る協同学習実践 ……81

1　ジグソー法による授業づくり ……82
　（1）ジグソー法の進め方と背景にある考え方
　（2）ジグソー法の課題づくりと集団づくり
　（3）ジグソー法を用いた授業事例

2　LTD学習法による授業づくり ……90
　（1）授業への導入法
　（2）LTDの効果を高める態度とスキル
　（3）LTDの効果
　（4）LTD話し合い学習法の実践例

3　看図アプローチによる授業づくり ……99
　（1）看図アプローチとPISA型学力
　（2）「ビジュアルテキストを読む」ということ
　（3）ビジュアルテキスト　読み方の作法
　（4）根拠のある想像を広げる
　（5）看図アプローチのレパートリーとしての看図作文
　（6）看図作文の基本発問と絵図の条件
　（7）看図作文もアクティブ・ラーニング
　（8）看図アプローチへの発展

4　マインドマップを活用した授業づくり ……107
　（1）理論編

（2）マインドマップを活用した学習
　5　グループ・プロジェクトによる調べ学習の授業づくり ···· 116
　　（1）グループ・プロジェクトとその理論的背景
　　（2）プロジェクトを設計する
　　（3）グループ・プロジェクトの効果
　　（4）グループ・プロジェクトの幅広い実践可能性
　6　単元見通し学習（LULU）による授業づくり ············ 126
　　（1）単元見通し学習の進め方
　　（2）単元見通し学習がなぜ効果があるのか
　　（3）単元見通しモデルを使った協同学習の授業事例

第6章　アクティブな学びを支える教師集団をつくる ··········· 141

　1　教師集団づくり ··· 142
　　（1）教師の協同づくり
　　（2）教師の協同にどうせまる？
　2　研修のポイントはどこにあるか ························· 144
　　（1）研究テーマ設定の工夫
　　（2）若手の成長支援
　　（3）「研究的実践」の文化づくりが大事
　　（4）参加度を高める研修の進め方

あとがき

第1章

アクティブ・ラーニングを一歩踏み込んで理解しよう

1 子どものどんな姿がアクティブなんだろう

（1） 学びに向かう気持ちと確かな学力

1）アクティブ・ラーニングの理解

　文部科学省の『用語集』にはアクティブ・ラーニングが次のように説明されています。

　　教員による一方向的な講義形式の教育とは異なり，学修者の能動的な学修への参加を取り入れた教授・学習法の総称。学修者が能動的に学修することによって，認知的，倫理的，社会的能力，教養，知識，経験を含めた汎用的能力の育成を図る。発見学習，問題解決学習，体験学習，調査学習等が含まれるが，教室内でのグループ・ディスカッション，ディベート，グループ・ワーク等も有効なアクティブ・ラーニングの方法である。

　これまで，新しい考えを文部科学省が出すと，教育現場は何をしたらいいのか，進め方ばかりに気持ちがいってしまっていました。総合的な学習の時間が提唱されたときには，そこで育てる「思考力・判断力・表現力」「学びの方法」などといった学力にではなく，何を体験させるかに重点が置かれ，本来のねらいになかなか近づけないでいました。
　アクティブ・ラーニングへの挑戦も，用語集の解説の後半にある「方法」だけを追うようなことがあってはいけません。
　文部科学省は1989年の学習指導要領改訂以来「新しい学力観」を一貫して提唱してきました。「基礎的・基本的な知識及び技能の確実な習得」「思考力，判断力，表現力その他の能力の育成」「主体的に学習に取り組む態度の育成」

などが学校教育で育まれるべき学力だとしてきたのです。それを実現するための考え方と仕かけとしてアクティブ・ラーニングが位置づいています。めざす学力こそが目標であって，子どもが動くことが目標ではないのです。

　私が協同学習の研究を進めてきた理由も同様です。グループ活動が素敵だなどという発想ではなく，次のような力を子どもにつけるための学習指導の考え方として協同学習が有意義だと考えたからなのです。

①主体的，自律的な態度の育成
②共生社会を創る民主的な態度形成
③確かで幅広い学力形成

　これらの項目は教育基本法の精神にも合致しています。教育は次の時代を創るための自立した人材を育成する機会です。子どもたち一人ひとりが主体的に判断し，社会に貢献していこうとする意欲をもつことができるようにならなくてはいけません。現状を受け入れるだけの学びでは，批判的な視点が育ちません。

　「何のために勉強するの？」と子どもに問われたとき，「それはあなたのため」としか答えられない大人では困ります。何のために勉強するのか，それは自分自身の成長可能性に挑戦するため，そして社会貢献するためなのです。自分のためという理由よりは社会貢献という理由の方が，学びへの意欲づけにはずっと効果があるはずです。アクティブ・ラーニングは，「わが事」としての学びを「私事」に矮小化しないためのキーワードでもあると思います。

2）ディープ・アクティブラーニング

　その名も『ディープ・アクティブラーニング』という本が出されています（松下佳代・京都大学高等教育研究開発推進センター　編著，2015，勁草書房）。大学のアクティブ・ラーニングを理論的，実践的に検討したものです。編著者の松下氏は「大学での学習はアクティブであるだけではなく，ディー

プでもあるべきだ」とはじめに述べています。

ディープな学びとは、事項の暗記や教科書の表現をうのみにするような浅い学習ではなく、なぜそうなのか、まで一歩踏み込んだ学びを指します。

とすれば、大学に限らず、小・中・高校でもめざすべき学習です。ハイハイ競争で次々に即答させるような活動はもちろん、何が書いてあったかをグループで確認し合うだけの交流などは、浅い学びの授業といえるでしょう。穴埋めのワークシートに教師の講義にしたがって用語を入れていく作業などは、確かに子どもの活動はあっても、浅い学びにしか導かないでしょう。一方、一人ひとりの思考の結果をつき合わせて、グループでよりよい答を創り出していく話し合いなどはディープな学びにつながるものと考えられます。クラスの仲間を高めるために、調べ学習の結果をどう伝えたらいいか、しっかり取り組む活動などもディープな学びにつながるでしょう。

また、アクティブ・ラーニングで進めるディープな学びは、その取り組みの過程にも重要な意味があります。そこには、しっかりと内容を読みとるという個人の課題があります。仲間にどう説明したら理解してもらえるかを心の中でリハーサルすることも必要になります。自分がそれまでにもっていた知識との関連づけも確かな理解のためには必要です。仲間から出される質問は、自分の考えや説明の仕方を振り返り改善する情報として役立ちます。真剣な意見交換はともに高まろうとする仲間への信頼形成につながります。

松下氏は同じ本の前書きで、ディープ・アクティブラーニングは「学生が他者とかかわりながら、対象世界を深く学び、これまでの知識や経験と結びつけると同時にこれからの人生につなげていけるような学習」といっていま

す。アクティブ・ラーニングは「何をめざすのか」がとても大事だと，当たり前のことを強調したい思いです。

3）学びに向かう意欲のあること

　文部科学省の『用語集』に「学修者の能動的な学修への参加」とある表現は，授業の進め方を示す重要な箇所です。きちんと読むと講義を必ずしも否定していませんね。「一方向的な講義形式」に終始することを排除しているのです。

　子どもが能動的に学びに臨む一番の条件は何でしょう。それは「学びがい」ではないでしょうか。この1時間の授業の内容は「学びがい」がある，と子どもが理解すれば，学ぼうとするのが子どもであり，それは大学生でも一緒です。

　心理学の用語でいえばモチベーション，教育の用語でいえば意欲をかきたてる仕掛けが必要なのです。アクティブ・ラーニングを実践するポイントは「学びに向けて気持ちをアクティブにさせる」ことなのです。

　私は教育に際しては2つの人間性原理を前提にすべきだと思っています。

> 人は誰もが成長したいと願っている
>
> 人は誰もが他人とよい関係をもちたいと願っている

　授業はこの2つの原理をしっかり踏まえて進めることが必要だと思います。めあての意義がはっきりすれば，子どもは成長可能性を感じてそこに向かおうとします。授業の中にさまざまな成功体験が仕組まれていれば，子どもは自信をもって次も挑戦しようとするでしょう。問題ができた，できないだけでは，できなかった子どもの意欲をくじくことになりますが，そこに「がんばった」という視点を入れ込めば，次への取り組みにつながります。

　学びを支え合う仲間の存在も大きいと思います。アクティブな学びづくり

には，教材の工夫だけでは仕かけ不足です。一人ひとりが意欲をもって学びに向かうことを認め合っている学習集団，わからない仲間がいてよいわけではないと考える学習集団，仲間を高める意識をもって話し合える学習集団づくりが，アクティブな学びを支える重要な基盤だといえます。仲間が全員自分の応援団，それは子どもが前に進める大きな力をくれるはずです。

4）授業のセレモニーに気づきたい

　アクティブな学びを妨げるこれまでの学校文化，学習指導文化の不合理な部分に気づくことも必要でしょう。子どもの学びにつながらない，教師におつき合いさせているだけとしか思えない授業ステップが数多くあることにお気づきでしょうか。

　新しい単元に入ったとき，1人を指名して教科書を音読させることはよくあります。あの活動は必要ですか。音読している子どもは声を出してはいても，中身を読みとれているのでしょうか。他の子どもは内容を読みとっているのでしょうか。教師の指示にしたがって，指示通りのポーズをとっているだけのようにも見えます。そこで何かを学ぶ子どもも一部にはいるのでしょうが，費やした時間に見合った学習がなされているとは考えられないのです。

　新しい単元に入ったときに教科書を読むこと自体は必要なことが多いと思います。問題は，子どもたちに何のための活動かという説明もなく読ませていることです。課題意識がなければ学習は起きません。

　教師はあらかじめこういうべきだったのです。「新しい単元に入ります。教科書の〇ページには，これから学ぶことの概要が書かれています。大事だと思うところに線を引きながら黙読しなさい」。

こういう課題を与えれば，子どもたちの頭の中はアクティブになり，学習活動がなされることになります。誰かが音読して，それを漫然と聞くというような活動は，教師も子どもも暗黙のうちに認めてしまっているセレモニーの1つだと思います。それは同時に，子どもに，学習するということはそんな程度のことなのだということを教えていることにもなるのです。大事な一瞬一瞬を有意義に使うことを，学習活動の中で伝えたいものです。
　授業のセレモニー，すなわち子どもの学びにつながらない儀式は，振り返ってみればとても多くあるはずです。点検をおすすめします。
　きれいな板書を最後に写して終わる授業なども，形は整っていても，子どもたちは，それを写すことが学びであって，そこに至るまでの活動はセレモニーととらえているかもしれません。

5）子どもが動けばアクティブ・ラーニング？

　教師の発問に対してクラスの大多数の子どもたちが挙手をする。いかにも活発な学びの風景のように見えますが，これをもってアクティブ・ラーニングといえるでしょうか。
　指導案に「学び合い」と記述されている授業で，教師が次々に発問し，子どもに即答させていく実践を見ました。大勢の子どもが発言を重ねていくのですが，そこで「学び」はどれほどなされていたのでしょう。「学び合い」の後半の「合い」などみじんも感じられません。教師と子どもという結びつきだけで子どもを動かしている姿からは，鵜飼いの鵜匠を連想してしまいました。
　そこで子どもを動かしている意欲は，教師に認められたいという外の評価を求めるところにあるように思います。目立ちたい，他の子に勝ちたいというような自己中心的なモチベーションが背景にあることもあるでしょう。学びそのものをめざしておらず，見かけのアクティブといえるでしょう。
　そもそも，教師の発問と同時にクラスの大多数が挙手できる発問にどんな価値があるのでしょう。思考を要しない，浅い内容を問いかけているに違い

ありません。教師に合わせて，深く考えもしないで単純な回答をするという活動は「学びとは何か」を学ばせない教育につながってしまいます。

　じっくり考えた末に，1人，2人，3人……と，手を挙げはじめていくという姿が子どもの真剣な学びの形といえるように思います。「なぜ？」という問いかけを含む発問がほしいと思います。また，「なぜ？」に答えられるだけの情報の仕込み（preparation）を事前にしっかりしてほしいと思うのです。

　全員立ち上がって，声を合わせて新しい教材を読み上げるという姿を時折見ることがあります。大きな声が出ている，声が合っている，といったことがいいことなのでしょうか。朗読というねらいがあるならばともかく，読みとりをさせるならば，各自のペースで読ませる方がいいのではないでしょうか。大人受けする読ませ方が子どもの学びにつながらない例のように感じます。「何が書いてあるか，読みとりながら読みなさい」といった趣旨の教師の指示に出合うと，ほっとします。

（2）一斉講義とアクティブ・ラーニング

1）一斉講義はセレモニーであふれている

　一斉講義方式は指導方法として必ずしも否定すべきものではありません。しかし課題を多く含む進め方であることは事実です。一斉講義方式といっても，教師がはじめから終わりまで一方的に話をするという授業は多くありません。子どもたちの理解のようすを観察し，ときに発問をして理解の程度を確認します。また，発問をして考えさせ，考えを発表させて学級での共有化を図ります。それでも，教師主導のこの進め方で，本当に意図通りの学習活動ができているのでしょうか。

　前時の復習から入る講義が多いようです。何を学んだかの発問の多くは用語を答えさせるものです。「寛政の改革は誰がやったかいえる人」といったたぐいの発問です。こういう確認では，前時は用語を覚えることが目標だと

子どもに思わせてしまいかねません。

　授業の中での発問では，しばしば間髪をいれずに挙手をした子どもが指名されます。発問の意図を考える暇もない学習の遅い子どももいるでしょう。せっかくの解答も発問自体を理解しないままでは，何を問われたのかわかりません。そういった子どもは，ただおつき合いをさせられているだけです。また，教師との問答を他の子どもがきちんと聞いているとは限りません。自分はよくわからないので，ぜひわかっている子の解答を聞きたいという気持ちを，その子たちにもたせるだけの仕かけ（plan）がない限りは。

　学びたいという気持ちをしっかりもたせても，講義の内容に十分な工夫がなければ，理解の遅い子どもは次々に脱落していきます。わかっているふりをすることが授業だということを学ばせるような授業はしたくないですね。

　理解の早い子どもが退屈する時間がとても多いのも一斉講義方式です。そういう子どもは，セレモニーに対する感受性も強く，教師の講義から学ぶという学習態度をもたなくなる可能性もあります。もったいない時間の使い方だと思います。

2）教科書の有効活用

　授業を参観していてしばしば不思議に思うことは，教科書を使わない授業が多いことです。「教科書を教える」ことはたんなる知識・理解にとどまることになるので望ましくはありません。しかし「教科書で学ばせる」ことはもっと頻繁にあっていいのではないかと思います。

　算数や数学では，答が書いてあるから教科書は見せないという教師によく出会います。そういう教師の講義を聞いていると，教科書とほぼ同様の内容の授業を進めながら，時折発問をするのです。そういう発問によって子どもに考えさせているというのでしょう。ただ，そういう質問に答えられる子どもはその教科が得意な者にほぼ限られます。その他の者は仲間の答をただ受け身で聞くだけで，本人は何も考えていない可能性が高いのです。

　教科書と同様の内容を講義するのならば，まずは教科書の読みとりから入

ったらどうでしょうか。解説や式の展開を個別に読みとらせるのです。何のために読みとるかの解説もしておきます。算数や数学であれば，解説の後にある問題を自力で解くためです。明確な指示をすれば，全員が学びに参加します。自力ではわからない少数の子どもに対しては，教師が支援をしたり，仲間との学び合いによって理解を促したりする機会も与えます。
　算数や数学以外の教科でも，きちんとねらいを示したうえで，教科書を読みとるという学習活動をもっと取り入れたらどうかと思います。「学びとる」学習活動はアクティブです。そこで形成される学力はPISAの学力調査で求められる「読解力」に通じます。国際比較で問題とされていた日本の子どもの「読解力」は，最近では上昇していますが，教師が教科書を見せずに教える授業が多く残っている限りは，本当に読解力が上昇しているのか，定かではありません。テスト慣れしてきているだけかもしれません。
　日本の子どもの課題として，家庭学習の少なさが指摘されてきています。教科書が学びの重要な手がかりだという認識が定着していないことも，自学自習がなされない原因の1つではないかと思うのです。

3）一斉形態で実現するアクティブな学び

　以前，荒れ気味の中学校の授業参観をしたときのことです。生徒指導に追われていることもあるのでしょうが，教師の授業準備は不十分で，すべての授業が一斉講義方式で進められていました。12クラスを参観したのですが，そのうち11クラスでは，生徒が体を背もたれに預けて漫然と講義を聞いている姿ばかりが目立ちました。意欲をもって学習している姿ではありません。
　しかし1クラスだけ，生徒が全員身を乗り出して聞き入っている授業に出合ったのです。理科の授業でした。同じ一斉講義の授業で，他と何が違ったのでしょうか。しばらくその授業を参観していると，まずは「わかりやすい」「話の筋がはっきりしている」，内容が「興味深い」，そして教師の「熱意が伝わる」のです。
　全員が身を乗り出して講義を聞いている姿から，その授業がアクティブ・

ラーニングにつながっていく道筋にあるものだと感じました。意欲的に学ぼうという構えはアクティブです。教師の講義から，一人ひとりが学びとろうとしています。きちんと学べる仕かけを教師が準備していれば，学習意欲まで含む学習成果が期待できるでしょう。

　アクティブな学習活動を促す一斉形態の授業には，まずは教師の講義のわかりやすさが重要です。その内容の価値もしっかりと伝えておくべきです。今日の学びがどこにつながるのか，事前に子どもに伝えておくべきです。学びへの構えづくりです。

　発問をする場合は即答できるようなつまらない内容は避けるべきです。全員が考える時間を必要とするような問いがよいでしょう。発問後には子どもたちが考えるための適切な時間を与える「溜め」が必要です。

　子どもたちの知りたい，成長したいという要求に応えるという教師の構えは大事です。「わかった！」という感動をはずみにして，次は「説明できた！」という経験までもっていきたいと思います。一斉形態にさらに仲間との相互作用を適切に組み合わせ，説明の交流などを入れ込めば，アクティブ・ラーニングが求めている学力形成につながっていきます。

4）一斉講義だけではアクティブ・ラーニングは実現できない

　一斉形態でのアクティブ・ラーニングが可能であることは前項で紹介しました。ただ，教師が話す活動だけに絞った，また途中に子どもとの問答を何度か挟む程度の一斉講義方式だけでアクティブ・ラーニングを実現することは難しいでしょう。いかに講義が上手な教師であってもです。

　一斉講義で，わかりやすい，よく整理された，興味深い内容が示されても，そして学びとろうという構えでその話を聞いたとしても，習得内容は整理された知識にとどまってしまいます。内容を自分なりにとらえなおし，頭の中で自分流に整理し，外に向かって意見をいったり説明したりする活動が含まれていません。そういった活動を通して実現できるはずの学力の達成は教師が主役の授業ではできないからです。

一斉講義は，子どもが自ら考えるための情報収集の手立ての１つに位置づくものだと思います。考えるための仕込みをする場合，教材によっては子どもが個別に読みとるスタイルがあるでしょう。そこに教師のわかりやすい講義という形があってもいいと思います。講義が上手な教師の場合，それを多用することは悪いことではありません。子どもも，他者の話をしっかり聞く態度を養うことができますし，しっかり聞けたならば自信もつきます。それでも，教師が主役の講義で終わってしまってはいけません。

　講義の後に，その内容を子どもがとらえなおし，まとめ，発信するという学習ステップを位置づけておく必要があります。

　以前，講義が得意で，そのための教材準備もしっかりしており，長い時間，一方的に話す形で進める教師の授業に出合いました。校内研修会などでは，同僚に「君は話しすぎだ」といつもいわれていた教師です。

　ただ，彼の授業は，私は悪くないと思いました。なぜなら，話が興味深く，わかりやすく，系統的であり，講義という形で話し終わった後に，その内容を踏まえた適切な課題を提示し，子どもが考える時間と意見交換をする時間を十分とっていたからです。

（３）改めて，なぜアクティブ・ラーニングなんだろう

　文化人類学者の原ひろ子氏の報告の中に，アメリカのヘア・インディアンの子どもを観察したものがあります。弓の上手な男の子に「誰に教わったの？」と尋ねると，怪訝な顔をした後に「自分で学んだ」と答えたというの

です。英語の上手な女の子に「誰に教わったの？」と尋ねると「自分で学んだ」と同じ答が返ってきたというのです。どちらも，自分の興味関心から，それぞれのことが上手な大人について回って観察し，学びとるという学習過程があったというのです。

　これが学びの原点ですね。人は本来，自己成長への欲求を強くもっていますので，自ら学ぼうという構えをもっているのです。時代が進み，学ぶべきことが増え，学ばねばならないことまで増えてきたために，効率的な学習技法が開発され，結果として受け身学習が主流になってしまったのです。アクティブ・ラーニングの発想は，受け身の形でしか実現されてこなかった学校での学習活動を，学習者が学びとる，本来の学びの形に変えようという転換を図るものだともいえます。

　大量かつ効率的な教育を任された産業革命以後の教育づくりへの移行過程では，さまざまな模索があったはずです。当初は1クラスが100人を超えるところからはじまったとも聞きます。多人数の教育についての経験がなかった時代ですから，学ぶ者だけが学べという，やや投げやりな進め方からはじまったとしても無理はなかったかもしれません。

　効率的な教育という前提で教育が考えられていく過程で，子どもが主役ということばはあっても，現実は，教育は教師の仕事ととらえられ，つい最近まで，「教え方」の開発が教育研究の中心であったように思われます。アクティブ・ラーニングのように，学習という，子ども側に視点を置いた発想は，これまでの教育の図式を大きく変えるものだと思います。

　子どものアクティブな学びは可能かどうか，疑問をもっている教師はおそらく少なくはないでしょう。子どもに学びを任せたらどこに行くのかわからないというものです。

　「学びがい」を子どもが受けとめることができれば，子どもたちは自ら動きだし，おのずからアクティブな学びをはじめます。ただ，大事なのはその確かな方向づけです。「学びがい」がしっかり理解されなくては長く意欲づけとしては働きません。「学びがい」をしっかり理解できるだけの仕込みも

なく，浅い課題理解で学びに出発しても，成果が上がらないためにすぐに飽きてしまいます。

　教師の仕事は，この部分への支援だと思うのです。

　子どもの，手ごたえのある学びを可能にするには，彼らの中に成功してゴールに着けるだけの予備知識が必要です。たとえば，何の準備もしないで「思うまま，感じたままに俳句をつくってごらん」といっても，それは子どもの自発性や感性を重んじた学習活動にはなりません。子どもたちはとまどい，結局何もできずに俳句づくりに自信をなくし，興味をなくしてしまいます。

　子どもに素敵な俳句を鑑賞させ，自分もことばの力を使っていい作品をつくりたいという意欲をもたせ，いい俳句ができるだけの手がかりを教師が工夫して与えておくならば，子どもたちは彼らなりに満足できる作品をつくります。このような支援がアクティブ・ラーニングには必要なのです。

　「自分の好きなことをテーマに選びなさい」という指示で調べ学習のテーマを設定させても，子どもには経験がありません。調べるほどに深まりがあり，資料がきちんと得られ，仲間に伝える価値のあるテーマを選ぶことはできません。したがって，深みのある有意義な探求が可能で，なおかつ子どもがやってみようと思えるテーマとヒントを教師が準備したうえで選択させるという支援が必要なのです。

　教えるという立場からアクティブ・ラーニングを発想しても，子どもは期待したようには動きません。「やっぱり先生に教えてもらった方がいい」といいだすかもしれません。教師は，そこで自分の出番だと思ってはいけないのです。

第2章
協同学習とアクティブ・ラーニング

1 グループ学習が協同学習ではない

(1) 協同学習の「進め方」より「考え方」の理解を

　アクティブ・ラーニングということばを聞くと，それはどういう「進め方」なのかというところから取り組みをはじめる文化が教育の現場にはあるようです。教育改善では，「まず形から入る」とよくいわれます。残念ながら，そういうアプローチでうまく改善できたという例を私は知りません。形の共有に対しては，教師間にしばしば反発が生じます。当初は形を取り入れても，知らないうちにもとにもどるのです。

　私が学生の頃に読んだアメリカの教育心理学者クロンバックの『教育心理学』のはじめの章に「教師は意思決定者（decision maker）」だとくり返し書いてあったことが印象に残っています。その記述にはこういう意図があったと思います。すなわち，教育心理学の学問的成果は，教師の教育観，子どもの状況，教材に応じて最適の準備をするための原理，考え方であり，具体化するのは教師自身なのだということです。教師の仕事はハウツーの実践ではなく，創造的なものであり，責任ある意思決定が求められるものなのです。

　「形」より「考え方」の理解が大事です。応用するという構えをもつことが大事です。協同学習はたくさんの参考になる実践事例がありますが，まずはその「考え方」を理解するところからはじめなくてはいけません。

(2) 協同の意味をとらえなおす

1) 協同と競争

　アクティブ・ラーニングとの関係を理解していただくために，協同学習の

解説からはじめます。考え方の大事さを強調しましたので，協同学習の解説も，まず考え方からはじめます。

「協同」は，辞書的な意味では助け合うことと理解されます。それと対置されることばに「競争」がありますが，そちらは競い合うことと理解されます。この理解は日常的な用法としてはかまわないのですが，学問的にこの概念を検討しようとすると問題があることがわかり，1949年にドイチュという集団心理学者が，この２つのことばを専門用語として定義しなおしました。

彼の定義をわかりやすく翻案すると次のようになります。「協同」とは「仲間全員の成長をめざすこと」，「競争」とは「仲間の中の序列をめざすこと」。すなわち，日常生活では集団の活動のようす（助け合っているか，競い合っているか）で区別しているのに対して，ドイチュは集団のメンバーが何をめざしているか，目標の違いで定義しなおしたのです。

協同学習が「協同」といった場合，それはドイチュの定義にしたがっています。すると次のように考えなおす必要があります。よい意味での競争とわれわれが考える「切磋琢磨」「よきライバル」は，競い合いを通して双方が伸び，ライバル同士は相手のおかげで自分が成長できたと認め合います。これは競い合いの形をとった「協同」です。講道館柔道の創始者・嘉納治五郎の説く「自他共栄」は，柔道では重要な目標に位置づけられています。自分が練習でも試合でも力いっぱい戦うことにより相手が高まる，相手が力いっぱい戦ってくれることにより自分が高まる。柔道などは，戦いという形をとってたがいを伸ばし合う協同学習なのだと考えることができるのです。

協同は優しく温かいだけの関係で学ぶことではありません。仲間を高め，仲間の支援に応えるという２つの「個人の責任」がメンバー一人ひとりに求められる厳しい学びの形だということができるのです。

２）協同の単位は学級

学校教育はクラスを単位に進められています。したがって，協同学習がともに学ぶ集団と考えるのは，まず学級集団です。学級集団が協同的集団であ

ること，すなわち，クラスの仲間全員の成長意欲を確信し合い，全員の成長をたがいに支援し合う集団であることを求めます。協同の単位は学級なのです。

　こういう考えに立てば，4人グループがいいのか3人グループがいいのか，グループの組み合わせはどうしたらいいのかという問題は第一の問題とはなりません。クラスの仲間全員が協同的であれば，場面場面に応じて自由なグループ編成が可能となり，学級全体として成長に向かう活動が期待できるからです。

　なお，習熟度別指導では，学級を解体し組み替えた形での学習集団による学習活動を行います。習熟度別指導は個に応じた学習活動を可能にするという視点からしばしば導入されていますが，同時に生徒指導上の問題が生じることもないわけではありません。私は，この問題を生じさせないようにするためには，もとのクラスが協同的な文化をもつことが必要と考えています。

　学力の高い子どもが得意領域をより伸ばすための挑戦に出かけること，学びの遅い子どもが不足を補うために基礎の学習に出かけること，それらを認め合い，支援し合える学級集団であれば，生徒指導上の問題ははるかに少なくなるでしょう。

　個人差を認め合い，学び合い，高め合い，励まし合うクラスは，子どもたちにとって居心地のよい環境です。できることを隠したり，わかったふりをしたりする必要がないのですから。自分が成長したいという願いをもっていることを仲間みんながわかってくれているのですから。

　クラスのみんながみんなの応援団だと，子どもたちが思い合える学級経営が協同学習の基盤です。実践をそのようにとらえるところから協同学習ははじまります。協同学習ではグループの話し合いを多く活用しはしますが，グループの話し合いをさせること自体が協同学習ではないのです。クラス一体となって学び合い高め合う姿が協同学習なのです。

（3）協同学習の効果

1）課題解決志向的集団という視点

　協同学習では，子どもたちは仲間を高める責任と，仲間からの支援に誠実に応える責任という2つの「個人の責任」が求められます。それは単なる仲良し集団では実現できません。極めて少数の親友は別として，仲良しという人間関係は，たがいの関係に軋轢が生じないように上手に気のつかい合いができる関係だといういい方ができます。高め合う集団ではないのです。

　協同学習を進めている小学校で次のような姿を観察したことがあります。算数の問題に個別に取り組んでいるとき，1人の子どもが隣の子どもに答を尋ねたのです。隣の子どもはすぐに答を教え，聞いた方はそれをノートに書きました。すると教えた方の子どもが「答を書いたけど，やり方は説明できるの？」と声をかけました。答を書いただけではわかったことにならないという注意を率直にしたのです。仲良し関係では気をつかって，そのようなつっこみはしないでしょう。相手のことを思えばこその働きかけです。

　仲良し関係は，人間関係の維持が目的の集団です。さまざまな人間関係トレーニングのプログラムがあります。仲のよい学級づくりという問題意識で導入すれば，安心感のもてる学級づくりに近づけるでしょう。しかし，高め合う関係には育ちません。プログラムの導入で問題行動は減ったけれど，授業にそれが生きないという感想をもっている学校は多いと思います。

　高め合う仲間集団を「課題解決志向的集団」と呼びます。子どもたちは学校の授業や特別活動の中で一貫して課題追究をしていきます。仲間と高め合うことをめざして活動します。仲良し集団では一人ひとりを高め合う活動はできません。

　学級集団づくりは，授業や特別活動のような課題追究の活動の中で同時になされていきます。学級集団づくりをしてから学び合いをという発想は効率的ではありません。

2）データで見る協同学習の効果

　協同と競争がグループの成績や個人の学習に及ぼす効果を実証的に検討した研究は数多くあります。ジョンソン兄弟（1989）は，個別条件での学習の場合も含めて，1583の研究事例を詳細に検討し，次のようにまとめています。数字は事例の数です。

成績	協同が優れる	差が見られず	協同が劣る
協同条件と競争条件の比較	316	213	45
協同条件と個別条件の比較	513	432	64

　また，協同，競争，個別の3条件で課題解決に取り組む過程で生じる同時学習の側面の1つ，自尊感情について，成果を比較した226の事例の結果を次のようにまとめています。

自尊感情	協同が優れる	差が見られず	協同が劣る
協同条件と競争条件の比較	80	61	1
協同条件と個別条件の比較	44	37	3

　さらに，彼らは対人関係についての協同の効果の資料も出しています。仲間への魅力の変化については，744の事例を分析することで，次のような結果が見られました。

対人関係	協同が優れる	差が見られず	協同が劣る
協同条件と競争条件の比較	251	151	7
協同条件と個別条件の比較	184	133	18

　集団による課題解決や集団を活用しての個人の学習についての実証的な研究は，条件のコントロールが難しく，さまざまな要因が入り混じります。ただ，上のように，数多くの事例を通してみると，さまざまな条件差を越えて，協同の優位性が明らかに見えてきます。

2 なぜ協同学習が効果的なのだろう

　人間関係を高めるならば協同学習，成績を高めるならば競争学習と考える人は少なくはありません。しかし，先のデータにあるように，競争学習が学力を高める条件だという考えは神話にすぎないのです。
　協同学習の効果はどこから引き出されるのでしょう。その源は2つあります。1つは，協同は競争よりも意欲を高める集団の条件だということ，もう1つは学び合いの過程で起きる仲間とのさまざまなやりとりがもたらす効果です。

（1）協同が意欲を高める

　競争の目標は集団の中の相手に勝つことです。相手に勝ってしまえばそれ以上の意欲づけは生じません。学びが途中で終わっても，目標は達成したのですから。そして，圧倒的に多数が敗者になります。
　人は誰もがプライドを1人分ずつもっています。負けを認めたくないのが人情です。傷つかないためにはどうすればいいのでしょうか。多くの子どもたちは競争に本気で参加しなければさほど自分を傷つけなくてすむということを早い時期から学んでいます。すなわち，競争によって意欲を高める者は，勝つ見込みのあるほんの一部の者にすぎず，それも勝ってしまえば学習はそこまでになってしまうのです。
　高校などで，成績の序列発表などをすると子どもが競争心を起こし，やる気が高まると考えている人もいるかもしれません。しかし本当に成績の上がっている子どもは，成績の序列を競争のめあてとしてではなく，今の自分の位置を知り，自分が目標を立てる情報として使っていることがほとんどです。勝つことを目標とした競争はしていないのです。

（2） 学び合いが確かな力を育てる

　個別の学びに加えて，学び合う活動を取り入れると学習活動は複雑になっていきます。それはどんな効果をもたらすのでしょうか。

　まず，話し合う過程で，自分の考えが一貫性をもっているか，論理的であるかに気づく機会に出合えます。話し合っている仲間が「それ，先にいっていたこととちょっと違うんじゃない？」などといってくれれば，より確かできちんとした意見にまとめる手がかりとなります。自分の考えの説得力を高めるために，どこの表現を変えたらいいのか工夫をすることになります。または混乱が生じて葛藤のまま終わることもあるかもしれませんが，それもむだな経験ではありません。

　自分の説明がどれほど相手に伝わるのか，丁寧に話したつもりでも不十分だというような経験をすることができます。相手の立場に立った話し方や説明の必要性に出合う機会は貴重です。「要するにこういうこと？」という相手の返事の中には思わぬ誤解がある場合もあります。一方，その相手の理解が的確であれば，丁寧な説明の成果があったことを実感できます。

　さらに，仲間との意見交換を通してより広い考えをもつことができるようになります。他人の意見を取り入れる力をつけることは大事です。取り入れる過程では批判的にとらえなおす作業が必要な場合もあるでしょう。聞く態度，聞く構えが育つ機会でもあります。

学び合いではたがいの考えを修正し高める経験をもつこともできます。自分と他の人との考えの違いや共通点を見つけ出し，意見の調整をし，より高度な考えを創り出す機会がもてるのです。
　アクティブ・ラーニングが追求しようとしている学力は，こういった学び合いの学習活動を通してより確かに実現していきます。
　協同学習では，先のジョンソンらのデータにあるような自尊感情や仲間の魅力にはじまる幅広い情意的な学力が同時に達成されていきます。同じ学習時間の中で豊かな学習が生じることも，協同学習の効果の大事な側面です。

(3) アクティブな学びにつながる協同学習の仕かけ

　協同学習は，たんなる知識理解にとどまらない，本物の学力を追求してきた教育理論です。学習過程では，一人ひとりの学習者の主体的な学習活動を実現することをめざしてきました。同時に，学習集団の力を生かし，学習内容の習得にとどまらず，社会的な態度，コミュニケーション能力，自尊感情，その他の有意義な内容の同時学習もめざしてきました。
　協同学習の理論的な背景は集団心理学と学習心理学，認知心理学です。
　学習心理学，認知心理学の研究成果にもとづき，どのような学習過程が効果的かという工夫を重ねてきています。課題の示し方，課題の形式，学習過程の組み立て，学びの終結の形などは，実証的な研究成果を多く援用しています。どういう授業の組み立てが，学習者の学習意欲を高めるかについて，一貫して研究され，実践化による検証が重ねられてきています。
　協同学習は集団心理学の成果も大いに活用してきました。スモールグループの効果的な活用などは，集団心理学の研究成果が有用でした。しかし，何より大事な点は，集団心理学が協同の意義を明らかにしたことです。協同的な学び合いがどのように学習を促すかについては前節で述べましたが，改めて大事な点を確認しましょう。それは，協同がもたらす意欲づけです。
　誰もが成長したいと願って生きています。その成長意欲を信頼してくれて，

支援し合える仲間がいるということ,そのことがもたらす高い学習意欲こそが,協同学習が効果をもたらす理由です。協同学習は,授業の工夫で学習者個々の意欲を高め,同時に協同的集団によって学習者全員の意欲を高めるものです。学びをアクティブにする条件がそろった学習指導理論なのです。

「協働学習」「協調学習」ほか,協同学習と類似した表現の学習指導論も見られます。協同学習と区別する必要もないと思うのですが,協同的な集団がもたらす意欲づけが,それらの理論には残念ながらしっかり組み込まれていません。義務教育でも,高校でも,現実の学校での学習では,学習集団の質は重要です。その効果的活用の議論も学習指導論に十分に組み込まれているべきです。

第3章
アクティブ・ラーニングの授業づくり

1 学びのマップをもたせよう

（1）受け身を強いる授業になっていないか

　一斉講義では，この授業は子どもをどこに連れて行くのだろうという感じを抱いてしまう授業に出合います。教師が示す話題をただただ聞かされるのです。途中でわき道に入ったとしても，「さてもとにもどりましょう」といわれて，はじめてわき道だったと気づく場合があります。

　一方的な講義の中で，突然発問されることもあります。そういうときに答えられる子どもはよほど頭の回転が速い子でしょう。ほとんどの子どもたちは回答する子の意見を教師の講義と同様，受け身で聞いています。

　情報を小出しにしていって，「わからないかもしれないが」と手がかりも与えずに話を進め，「実はこういうことなんだよ」と結論を教師が示す授業が多くないかといういい方は皮肉っぽいかもしれません。「こういうことがあるんだけれど，なぜそうなのかを順にたどって解明しよう」というように，めあてや方向づけがあらかじめきちんと示されていれば，子どもの学びの構えはずっと違ってくると思いませんか。

　教師の仕事は「教えてあげる」ことではなく子どもがアクティブに学べるように「支援する」ことなのです。そして，学びをアクティブにする授業づくりの工夫のキーワードが「学びのマップをもたせる」です。

（2）マップの効用

　実際の地図（マップ）にはさまざまな情報が書き込まれています。われわれはどこかに行こうとするとそこから情報を引き出していきます。

まず行き先がはっきりしていな
くては動きだすことはできません。
地図に書かれた行き先にしっかり
赤丸の印をつけます。せっかく行
くのですから，上手なルートをと
りたいですね。寄り道したい場合
も，どんなルートで行けば効率的
か，地図を見ればわかります。途
中でどんな風景に出合えるかも予
想できます。それぞれの場所で何を知ることができ，どんな名物を食べられ
るかもわかりますから，わくわくしてきます。

　道を間違えないための目印も書かれています。道に迷っても地図があれば
大丈夫です。地図が理解できれば，自分の力で旅をすることが可能です。ア
クティブな旅が可能になります。

　アクティブ・ラーニングを支援する手立てとして，何がわかるようになる
のか，どんな力を身につけるのかという行き先がはっきりしていることはと
ても重要です。今日の授業ではこういうことについて賢くなるんだ，という
めあてがはっきりしていなくては，自分から学びに乗り出すことはできませ
ん。とにかく先生についてくればいいところに連れて行ってあげるというよ
うなミステリー・ツアーではいけません。

　どんな道を通っていくのか，そのルートが１つ１つわかっていることも大
事です。なぜ今このことを学んでいるのか，それがどこにつながっていくの
かわからずに学ぶ状態は，受け身の学習です。

　さらに，その学びをしたいという願いも必要ですね。「学びがい」です。
旅も「行きたいという思い」があればこそ楽しいものになります。また，旅
は帰ってからその経験をもう一度思い返すことで心に残るものとなります。
学びも自ら振り返り，成長を確かめるという手続きがあることが望ましいと
いえます。

（3）めあてをわかるように知らせる

1）「学習課題」の明確化

　授業の導入で教師がすべき学びの支援は，その1時間，どんなめあてに向かうのかをはっきり知らせることです。私は，このめあてを「学習課題」と呼んでいます。課題は英語では task です。これは課題というより仕事と訳す方が耳慣れています。すなわち，「課題」は「仕事」のことなのです。

　授業の主役は子どもですから，彼らがその1時間にどんな仕事をしてどんな成果をあげればいいのか，それを最初に示すことはとても重要な支援だと考えます。

　大工が家の建築を依頼されたとしましょう。依頼主がどんな家を建てたいのか，設計図がなくては仕事に取りかかるどころか，準備もできません。極めてまれに，あなたの造りたい家を造ってくださいといわれることもあるかもしれませんが，そうでない限りは設計図，めあてがいるのです。

　子どもが授業などで何を学ぶかは教師が決めなくてはいけません。子どもには何を学ぶべきかを的確に選択できる力はありませんから，学びの枠組みは教師がつくるのが一般的です。総合的な学習の時間などで一人ひとりの興味関心にもとづいてテーマを選ばせることがありますが，その場合もしっかりしたガイダンスと，選択に際しての基準などは教師が枠づけをするのが普通です。

　この1時間で何を学べば学んだことになるのか，めあてをしっかりと示す手続きを「学習課題の明示」と呼んでおきましょう。子どもの学びをアクティブにするための，第一の，そしてもっとも重要な工夫です。

　授業に際しては，教師はしっかりとした教材研究をすることが前提となります。ただ，一般的に，教材研究の多くは「何を教えるか」で終わっています。「教える」授業を前提とした教材研究なのです。私は，子どもに学ばせたい内容を子どもにわかるようにするにはどんな表現を用いて「学習課題」

を示せばいいのかまでも教材研究だと思っています。子どもに伝わる表現の工夫には試行錯誤も必要です。

2）明確な「学習課題」の例

　学びのめあて，課題の「明確さ」は，ゴールが明確であることをいいます。次のような「学習課題」はゴールが明確でしょうか。
①北海道地方の自然の特色について調べよう。　　　（中学校1年生・社会）
②動物の特徴をつかみ5つのなかまに分けよう。　　（中学校2年生・理科）
③aとbが次の値のとき，三角関数$y = a \sin bx$のグラフをかきなさい。
　　　　　　　　　　　　　　　　　　　　　　　　（高校2年生・数学）

　めあてを示さずにめくるめく教師の話がはじまることを思えば，こういうふうに「何をする」のかが示されると子どもたちは動きやすくなります。悪い工夫ではありません。最近はこういうレベルでの課題明示をすすめるテキストも出てきています。

　ただ，これらは「活動を示している」にすぎないということに気づいてください。活動しさえすればいいのでしょうか。本当のゴールは，その活動を通した奥にあるのです。その本当のゴールまできちんと示してほしいのです。次の例はどうでしょう。
①三角形の面積の求め方を友達に説明できるようになろう。
　　　　　　　　　　　　　　　　　　　　　　　　（小学校5年生・算数）
②日本の中央部の気候が4つに分けられ，その地域差が生じる原因を誰もが
　納得できるように説明できる。　　　　　　　　　（中学校2年生・社会）
③モンゴル帝国が内陸アジア諸都市のネットワークを支配下に置いた意味を
　社会経済的な視点から考察し，文章で表現できる（モンゴル帝国が内陸ア
　ジア諸都市のネットワークを支配下に置いた理由を社会経済的視点から考
　える）。　　　　　　　　　　　　　　　　　　　　（高校2年生・地歴）

　「友達に説明できる」「誰もが納得できるように説明できる」「文章で表現できる」などの表現は，授業が終わるまでに到達しなくてはいけない学習内

容とその達成の形が見える表現になっています。そこまでの表現があると子どもは自分の学習の達成の度合いも自己評価できるのです。

3）課題の表現は端的な方が望ましい？

　課題は短く端的に書く方がいいのではないかという暗黙の文化が学校にはあるように思います。子どもが板書を写すのに時間をとられないようにという配慮からかもしれません。しかし，二次関数の勉強をするにあたって，「二次関数」と示しただけでは，何を学ぶのかはわかりません。端的であるということは同時に説明不足につながり，気のきいた子どもしか内容を推測することができません。

　学習課題は子どもにわかるように，少し長めでも必要な内容は書いてほしいのです。前のページの高校２年生・地歴の課題例などは長々しいですが，あえて端的に書かず，子どもに必要と思える内容は入れておくという視点はよいと思います。

　板書は要点にとどめ，口頭でしっかり説明を加えるという進め方もあります。いずれにせよ，どういう成果を出すことができたらその授業で満足な学習をしたことになるのか，「学習課題」は子どもたち自身でそれを自己評価できるだけの情報を含んだ表現になるように工夫してほしいのです。

4）協同の課題にするための工夫

　授業はクラスの仲間の関係を課題解決志向的集団にする機会でもあります。高め合う経験を促すために学習課題の中に組み入れておくといい表現があります。前ページの例に修正を加えてみましょう。

①<u>クラスの誰もが</u>，三角形の面積の求め方を友達に説明できるようになろう。
　　　　　　　　　　　　　　　　　　　　　　　　（小学校５年生・算数）

②日本の中央部の気候が４つに分けられ，その地域差が生じる原因を誰もが
　納得できるように<u>全員が</u>説明できる。　　　　　（中学校２年生・社会）

　クラスの中にできない仲間がいていいわけではない，みんながそれをでき

るようにしたいという活動を促すためには「誰もが」「全員が」といった表現を課題の中に入れることが効果的です。高め合うという意識づけは集団の学びをアクティブにするポイントです。

5）子どもは挑戦のある課題が好き

　教室では「できた」「できなかった」というたった1つのものさしが，あまりにも幅をきかせているように思います。できた場合にだけ達成感，成功感を感じられるというのでは，学習の遅い子どもたちは救われません。

　達成感，成功感は，必ずしも丸をもらわなくても，得ることができるように思います。「はじめは全くわからなかったけれど，仲間の説明を聞いてだいぶわかった気がする」「最後まで解けなかったけれど，一生懸命取り組むことができた」「しっかり自分で考えていたら，友達が今日はがんばっていたね，といってくれた」という感想がもてるような学習活動はとても重要だと思います。関心・意欲・態度の育成の視点として意義があります。

　どの子も正解できるように，まがりなりにも正解をノートに書けるようにという構えの授業はゴールが低く設定される恐れがあり，多くの子どもにとって退屈な授業になります。わかりきった話が続くのです。しかも子ども自身が考える時間は短く，正解に至る道を教師についていくという授業になります。アクティブな学びは期待できません。「できた－できなかった」というものさし以外に「がんばった－がんばれなかった」というものさしがあってもいいように思います。そうすれば少々難しい問題も出せるはずです。

　子どもたちは，学びの過程で挑戦があることが好きです。つまずかないように，手とり足とり「教わる」より，自分で挑戦したいという本性をもっています。そこでは教師が引いた一本道ではなく，個に応じたさまざまな思考での取り組みがなされます。挑戦のある課題づくりは大事な観点です。

　ただ，目の前にとりつく島もない，途方もない壁があるように感じた課題にまで挑戦しようとはしません。何とか入口まではたどりつけそうだと思わせるくらいの仕込みは当然必要です。

子どもの挑戦への意欲を踏まえた実践は，子どもへの期待を高くもった実践づくりにも通じます。「教師期待効果」すなわち，教師の期待が高ければ，教師はおのずからその期待に沿ったよりよい働きかけを子どもたちにするようになる，という原理です。

6）子どもが成功できる仕かけがほしい

　わからないという経験が授業の中で重なると，子どもは自分に自信がもてなくなります。自尊感情，自己肯定感といったことばがよく使われるようになりました。子どもの積極的な適応を考えるときには大事な視点です。そういった自信につながる体験は，学級会や特別活動など授業とは別の機会にさせるだけではなく，子どもがもっとも長い時間を過ごし，そこでの成功失敗が心に大きな光と影をもたらす授業でもさせていきたいものです。

　そのためには，何よりも，教師の指示や発問を明確にしてほしいと思います。気のきいた子どもは，教師の指示，発問が的確でなくても要求された対応を推測し，教師の期待に沿った意見をいいます。それができない子どもはそのときどういう体験をするのでしょう。

　先生のいったことがよくわからないから何を考えていいかもわからないなあ，と思っていると誰かが手を挙げて答え，先生が「そうですね」と肯定的な対応をします。そのとき，発問の内容を理解できなかった子どもは「○○さんはすごいなあ。自分はあの子のいったことさえ理解できない。自分はダメだなあ」と思いかねません。自分に自信がもてなくなります。原因は最初の教師の発問の方にあるのですが。

　子どもたち全員が何を尋ねられたかがわかるような明確な指示，発問をすると，正解まで至らない子どもも何が問題になっているかわかりますから，挙手し指名された仲間の意見を理解する枠組みができます。仲間の発言を聞いてわかることは自信形成につながります。わかった気がするということであっても，それは失敗ではありません。一方，わかったふりをするのは失敗体験です。

このように考えると，教師の使うことばへの留意の重要性に気づきます。子どもの反応の悪さを子どものせいにしないという視点は大事です。
　また，できた，できないだけでなく，「がんばることができたね」というようなものさしを教師の評価のことばに加えることも，子どもの成功感を増すための配慮だと思います。

7）高いレベルの成功に導く工夫もほしい

　こういう場面に出合いました。電池で電気がおきるメカニズムを説明できることを目標にした授業でした。そこでは，さまざまな金属を両極に置き，電気の発生の有無を実験を通して調べた後，子どもたちが個人で，そしてグループでメカニズムを考え，最後には個人で説明する文章を書きます。
　ところが，教師が期待していた「イオン」という用語，それは前時で学んでいるのですが，それを使って説明している子どもが１人もいなかったのです。まとめで，教師が「イオン」ということばを使って説明する必要性を述べました。クラス全員が十分な答を書けなかったということでもあります。子どもにとっては失敗経験です。
　私はこう思いました。「電池で電気がおきる仕組みを説明しなさい」という課題ではなく，「電池で電気がおきる仕組みを『イオン』をキーワードにして説明しなさい」と教師がいったなら結果はどうなったでしょう。おそらく子どもたちは最初からイオンという用語を使うことを前提とした個人思考，学び合いをしたでしょう。それは教師が期待した思考過程に応えたものにもなります。
　子どもが正解に至ることができるような，課題の表現の工夫が必要です。あいまいな指示をしておいても，一部の子どもはきちんと回答できます。しかし，教師の工夫によって，より多くの子どもがより深く，より的確に正解に至ることができる場合もしばしばあると思います。
　「感じたことを俳句にしましょう」といわれても，満足のいく俳句をつくることは子どもたちには至難のことです。教師が提供した「上の句」を手が

かりにふさわしい下の句を考え出すというような手順を加えたなら，子どもは期待以上の俳句をつくることができ，自信を得ることができるでしょう。

学習活動の活性化は教師の準備によるところが大きいと思います。しっかり学びに参加でき，話し合いに参加できることは成功体験です。一部の子どもがどんどん取り組んでいるのに自分は何をしていいかわからないということがないような指示の工夫が必要です。

（4）どんな道筋で学ぶかわかるように知らせる

1）学びの手順の理解で学びの構えをつくる

課題が明確に示されると，この1時間で何を学ぶのか，自分はどう変われるのかという見通しをもって学びに取り組むことができるようになります。では，この課題にどんな手順で取り組んでいくのか，1時間の授業はどんな道筋をたどるのか，これもあわせて子どもたちに理解させたいと考えます。

授業はいくつかのステップで組み立てられています。それぞれのステップで何をするのか，何のためにするのか，次のステップや1時間の最終のねらいとそのステップがどう結びつくのか，そういったことをあらかじめ理解していると，それぞれのステップでの活動の意味が理解できますから，子どもたちの学びの構えはアクティブになります。

シンデレラの絵本などに出てくる馬車の挿絵では，馬にブリンカーと呼ばれる一種の目隠しがつけられています。馬の視野はとても広いので，他に気をとられないように，御者がコントロールしやすいようにつけられているのだそうです。

ただ，ブリンカーをつけた馬は，自分の進む前方の足もとばかりを見て歩いていくのでしょう。どこをどうたどるのか，まわりの景色はあまり見ることができません。興味を引くものがあっても，そちらを見ることは許されないのです。なぜ馬車を引くのかといわれれば，いわれたからという返事しかないでしょう。

どんな道をたどっていくのだろう，平坦で楽だなあ，急に険しくなったけれどなぜこの道をたどるのか，川を渡る自信はないけれど，行けというからとにかく入って進むしかないか……。学びの手順を知らずに授業が進めば，この馬のような気持ちを子どもにもたせることになると思います。

　よそ見をさせず，どこを歩いているか，次に何があるかは教師だけがわかっているという授業は，受け身を強いるものであり，学びは受け身でするものだと同時に教えていることになります。

2）どんな手順で学ぶのか，なぜその手順なのか

　授業の展開に沿って，手順を知らせるとはどのような教師の活動か，例を紹介しましょう。協同学習で比較的よく用いられる授業の手順，進め方は，「教師の導入の解説と課題提示」→「課題に個で取り組む」→「グループで学び合う」→「グループ間交流」→「まとめと振り返り」です。

　さて，教師が導入の講義をし，課題を示した後，「ではこの課題を個人で考えましょう」と指示し，個人思考がある程度進んだところで「ではグループになってください。グループで話し合ってください」と指示をしたとしましょう。比較的当たり前の風景です。

　ここで，個人思考に取り組む際，子どもたちが，後でグループでの学びがあるということを知らされている場合といない場合を考えてみましょう。

　知らされていれば，個人思考の折に，学習の早い子どもは後のグ

ループの話し合いのステップでわからない子に教えるというところまで見通して学習するでしょう。学習の遅い子どもは課題だけはしっかり理解しておこう、わからないところをはっきりさせて仲間に聞こうという構えで個人思考に取り組めます。しかし、知らされていないと、学習の早い子どもは自分さえわかればいいという取り組みをし、遅い子どもは途方に暮れるでしょう。

　グループの話し合いも、話し合った結果をクラス全体でどのように生かすのかという見通しがあるのとないのとではその中身が違ってきます。グループの意見を発表し合って全体で共有するということが知らされていない場合は、突然発表を求められたグループは、とまどうでしょう。「発表があるならあるで、先にいっておいてよ」と心の中で思うのが普通でしょう。

　学びの手順については、たんにどんな活動をするのか（たとえば「個人思考をした後にグループで話し合います」など）だけでなく、なぜそのタイミングでその学び方に変わるのか、といったねらいまで子どもに知らせておくべきです。個人思考の結果をグループで出し合うのだから、個人思考のステップでは一人ひとりがしっかりと考えることが大事だよ、といった意義の説明を忘れないようにしたいものです。

3）手順の知らせ方

　学力が高い子どもは、手順をきちんと知らせなくても教師の意図をくむ力があるため、今の学びがどこにつながるかを的確に推測でき、アクティブな学びが可能かもしれません。しかし子どもたち全員がそのように気がきいていることはありません。

【手順】
1　説明（10分）
2　個人で（10分）
3　グループで（15分）
4　グループの発表（10分）
5　まとめと振り返り（5分）

　手順は、基本的には毎時の授業のはじめ、本時の課題を示した後にきちんと解説します。しっかり伝えようと、それを明示する教師も多くいます。

　右上のような板書をし、具体的にそれぞれのステップでは何をねらいとし

て取り組むかについては口頭で伝えるという形が多いようです。教師が常にきちんと伝えるというスタイルを一貫させると、子どもたちはとてもよく聞き、理解しようとするようになります。

　また、視覚化を図った「学び時計」を開発した学校もありました。右の図を黒板に掲示します。これを見せれば小学校低学年でも学習の手順がわかりやすくなるのですが、中学校でもこれを効果的に活用しているという報告も聞きました。

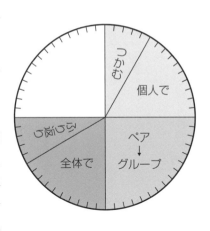

【学び時計】

　この手順は、何をどれだけの時間配分するという内容だけでなく、なぜその手続きなのか、そしてそこで何をするのかまで解説しなくては、十分生きません。板書だけして解説しないという実践にも出合うのですが、それではあまりに形式的です。

　各学習ステップにどんな構えで臨んだらいいのかを理解していれば、子どもたちはそれぞれのステップにアクティブに取り組めるのです。

(5) その学びの価値を知らせる

　導入で行うべき、子どもたちを学びに向かわせる仕掛けの3つ目が、「その学びの価値」を知らせることです。「これは意味のある学びなんだ」とわかれば、子どもたちは自ら学びとろうという構えをもつはずです。アクティブ・ラーニングに欠かせない学びへの構えづくりです。

　英語の速読の単元の1時間目の授業を参観した折のことです。導入での教師の話でとりわけ強調されたのが「速読を鍛えることの大事さ」でした。その授業では、具体的に、速読の力が英語の学力のさまざまな側面の伸びと高い相関があるということがきちんと解説されたのです。「速読なんて適当に

つき合っていればいいと思っていたけれど，そういう大事な学習内容なんだな」と子どもたちに思わせる説得力のある説明でした。

　教材の準備では，その教材の価値をどう納得させるかまでが教材研究だといえそうです。何を教えるかを整理するだけでは十分な教材研究とはいえないということです。教材の重要さを教師自身が理解するだけでもたりないということです。その教材を子どもに学ばせる意義を明確にしないまま授業を進めるということがあってはならないということでもあります。

　価値にはさまざまな形があります。

　まず，その学びが生活に役立つという価値です。知っておくべき文字を覚えることは必要です。計算ができることも生活のうえでは大事です。そのほか，生活に直結することがらはたくさんあるでしょう。これを納得できるように具体的に子どもに伝えることはそれほど難しくないかもしれません。自明のように思えても，納得させる手続きを省くべきではありません。

　理科で学ぶ原理の理解が，どういった応用可能性をもつかについての解説などもその工夫でしょう。知識が豊かな生活にどうつながるか，具体的なイメージをもたせながら伝えることが必要なように思います。

　その学びが社会貢献につながるものだという価値も意欲づけに有効に働くはずです。

（6）単元を見通すためのマップの事例

　協同学習では，何をどのように学ぶのかという学びのマップの重要さを強調しているのですが，1時間ごとのマップに加えて縮尺の大きいマップもあることが望ましいと考えています。すなわち，単元のマップです。

　新しい単元に入る1時間目に，このマップをしっかりと説明し，理解させる時間をとってから内容に入っていく授業を「単元見通し学習（LULU）」と呼んでいます。具体的な実践事例を第5章で紹介します。

　単元見通し学習で用いたワークシートを一例紹介しておきましょう。教科

書を参照しながら，こ
のワークシートを使っ
てどんなステップで6
時間進んでいくか，教
師が解説します。15分
ほど必要と思われます。
この15分をもったいな
いと思ってはいけませ
ん。実践後のアンケー
トでは，算数の苦手な
子どもの方がこの説明
があるといいと答えていました。

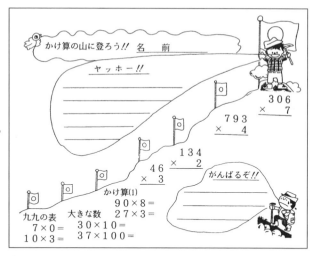

　学力の高い子どもは，こういう手がかりがなくても，何をどんな順序で学んでいくのか，推察できるのです。したがって，この程度の内容の単元であれば，彼らにはそれほど必要な情報ではないのです。しかし，学力に自信のない子どもたちにとっては，足もとを確かにする重要な情報なのです。

　この図をつくった小学校では，「小数すごろく」というアイデアも出ました。すごろくのマス目に小数の計算式が1つずつ書いてあります。教師は，マス目の中の式について教科書を使いながら説明し，見通しづくりを図ります。最後にこうつけ加えます。「クラス全員がマス目に書いてある計算をきちんとできるようになろうね。そうすればみんながすごろくで遊べるからね」。学級の課題も同時に明確に与えたことになります。単元終了後，クラスで自作の小数すごろくがしばらく流行したということです。

　犬山市の中学校の数学では，単元1時間目に単元テストを配るという学校がありました。テストの中の最後の問題を示して「この問題をやってみてください」と指示をします。2～3分で子どもからは「わかりません」「できません」という反応が返ってきます。教師は「できなくて当然。まだ勉強していないからね。でも大丈夫。教科書の○ページを開きなさい。テストの問

題1と同じような問題があるね。ここから学びを出発します。そして……」というように，教科書とテストを照合しながらその単元の学習内容を知らせていきます。クラスの目標は，少なくともこのテストで全員満点をとることだ，と伝えれば，クラスの課題も同時にはっきりと示せます。そして実際，単元終了時に数字だけを変えた同じ内容のテストを実施します。

中学校，高校などでは，具体的な資料を示さなくても，板書と教科書で単元見通しをしている授業も多いようです。保健などでは「今日から6時間かけて『環境と健康』の勉強をします。教科書のページはここからここまでです。第1節にあるように，まずこれこれを学びます。これは第2節の内容について考えを深めるための基礎知識として欠かせませんから，しっかり学ぶように。…………。最後には，一人ひとりが今の政府の環境対策を評価し，改善に向けた提言ができるようになりましょう」などと話し，学習ステップを要約して板書し，子どももノートに明記します。

2 アクティブ・ラーニングの授業展開

(1) 授業モデルはあくまでモデル

　協同学習にはいくつかの授業モデルがあります。それらは実践例とあわせて第5章で詳しく紹介します。ただ，モデルはあくまでモデルであり，実践は常に応用問題です。教材や子どもの状況，学習集団の状況，さらには教師の個性に応じてアレンジし，最適の進め方を模索していくものです。

　協同学習についての学習会で，どんな進め方をすれば協同学習になるのですかという質問に出合うことがありますが，仲間同士が高め合うという気持ちで学ぶ文化のもとでの学習かどうかということが問われるのであって，特定のモデルに合致しているかどうかは問題ではないのです。

　同様に，アクティブ・ラーニングも，子どもたちが自ら学びとろうという構えをもって学んでいるかどうかがポイントであって，たとえばグループの話し合いを取り入れていれば，ジグソー学習をやっていれば，アクティブ・ラーニングだなどということはないのです。

　最適な授業の進め方を決めるのは意思決定者としての教師一人ひとりです。教師も人ですから，最適の，満点の授業をつくり出すことはできません。むしろ不満が残る実践の方がずっと多いにきまっています。だから，日々の実践での工夫が必要になるのです。アクティブ・ラーニングの実現を図った自分自身の実践を評価する場合，子どもの学びに向かう姿が重要なポイントとしてまず位置づきます。それに加えて子どもの習得の広がりや深さの程度があるでしょう。

　最適な授業に近づけるように，試行錯誤を前提とした工夫をするための選択肢を広げるのに，さまざまなモデルとその基礎の考え方を知ることは意義

のあることと思います。

（2）アクティブな授業展開のためのいくつかの工夫

　学びのマップを大事にした導入の後は，学習活動を展開していくことになります。事例は第5章で，また協同学習で積極的に活用する学び合いの工夫は第4章で紹介します。ここでは一斉形態での学び，グループ形態での学び，個別の学びの3つの形について，大事にしたい側面を確認していきます。

1）一斉形態でのアクティブ・ラーニング

　受け身学習の代表のようにいわれる教師の講義を基本にした一斉授業ではアクティブ・ラーニングを実現できないのかといえばそうでもないように思います。一斉講義の方が適した教材もあるでしょう。

　それを実践できる条件として協同学習の基本，学級の協同という文化を子どもたちが共有しているかどうかがあります。すなわち，クラスの全員が成長したいと思っているということを全員が認め合っており，そのために高め合い支援し合うことが大事だという文化をもっているという前提です。

　教師が，重要な事項の理解を図るのだという，学びの価値をしっかりと説明した後の講義であれば，子どもたちは聞きとり理解しようという構えをもちます。また，一部についついよそごとをしてしまう仲間がいれば，隣の子どもがしっかり聞くように注意をします。今日の講義は次の時間の学び合いのための基礎知識であるということを子どもたちにきちんと知らせてからの講義であれば，また次の時間の学び合いではどのような課題について意見交換をするのかわかっていれば，一人ひとりの子どもが，そこで貢献すべく今はしっかりと基礎の仕込みをしようという構えをもつようになります。

　もちろん，講義であっても，導入時に本時の話題の展開の概要を説明して，見通しをもたせておく必要があります。こんな手順でこんな内容についての話だということをあらかじめ知らせておくのです。

2）グループの活用

　グループ学習を効果的に進める工夫は次の章で詳しく紹介します。グループ学習の位置づけ方についてのみ，ここではふれておきましょう。

　協同学習ということを意識せずとも，最近はグループでの学び合いは多く取り入れられています。しかし必ずしも活発で効果的とはいえない事例に多く出合います。そういう事例に見られる問題点を2つ指摘しておきましょう。

　まず1つは，必然性を子どもたちが感じていない話し合いはよくないということです。先生が「話し合いなさい」といったから話し合っているという形のものです。そこでは子どもたちの間に話し合いへの「課題意識」がありません。おざなりな話し合いになってしまいます。

　それと関連するもう1つは，グループでの話し合いがどう生きるか，すなわち，自分たちの努力がクラスの仲間全員にどう貢献するかという見通しがない場合です。話し合いの生かし方までの見通しのない話し合いはどうしても形だけになってしまいます。

3）協同的なクラスでの個別学習

　協同的な文化が学級で共有されていると，個別の学びにもそれが波及していきます。百ます計算のような個別のドリルなどは，速さの個人差が歴然と表れます。協同的な学級経営ができているクラスでは，早く終わった子どもは遅い子どもを心で応援するようになります。いつも一番遅い子が，ある基準を達成すると，クラスの仲間が自然に拍手をするようになります。並行的な学習活動をしていても，仲間がみんなたがいの応援団なのです。

　授業開始時の5分間小テストなどは，協同学習をしているクラスでは採点は交換して行うことが多いようです。仲間の成績をたがいに知り合うことになります。できないことをあざけるのではなく仲間を心配します。「わからなければ教えようか」ということばが自然に出ます。

　できる子ができないふり，できない子ができたふりをしないですむクラスでこそ，一人ひとりの挑戦も可能になるはずです。

3 アクティブ・ラーニングの授業の終わり方

（1）確かな授業の振り返りをさせたい

1）振り返りのイメージ

　大学の授業で折々出合う風景があります。そろそろ授業の終わりが近づいてきたなという頃になると用具をかばんにしまいだす学生の姿です。授業の主役は学習者です。教師は学びの支援者，わき役です。主役が舞台を降りたのでは，授業は成り立たなくなります。

　おそらく，そういう学生は，授業は教師の仕事だと思っているのでしょう。小学校1年生から高校3年生まで，授業は教師へのおつき合いというふうに，授業の中で同時に学習してきたのでしょう。初年次の大学生には，そういった行動をとらえて学びの意味を知らせなくてはいけないことがあります。

　授業には，小学校では45分，中学校・高校では50分，大学では90分という授業時間で「自分が変わる」ことをめざして臨む態度が必要です。自分が変わるための機会として授業があるという理解，「学びはわが事」だとわかっているということ，これはとても大事な学力ですから，小学校からこの点を知らせていく一貫した働きかけが必要です。

　そのような学力を育てる重要な

機会として，学習後に行う「振り返り」があります。振り返りは，教師の示す観点にしたがって子どもたちが自分自身で自己評価するという形が一般的です。

振り返りは，学びのまとまりごとに行うことが望ましいと考えます。1時間単位でまとまりのある教材ならば，毎時間，授業終了時にそれを行うことになります。2時間ひとまとまりの内容であれば，2時間の学習後に行うことになります。

2）なぜ振り返りが必要なのか

ひとまとまりの学習の直後に行う評価は形成的評価と呼ばれます。形成的評価を実施することによって主に2つの情報が得られます。

1つは，学習者の学習の方向づけの情報です。自分の理解度を確認し，次に発展課題に向かうか，補習課題に取り組むべきかといった決定が可能になります。もう1つは，教師が子どもの振り返りを回収して，その内容を知ることで，教師自身の次の授業改善の手がかりが得られるということです。

それ以外にも振り返りには大事な機能が考えられます。

子ども自身が1時間の学びを通して自分の進歩を確認できること，それによって学んだ結果による自分自身の成長を実感できることです。学びには価値があるということを確認する機会になります。授業終了の鐘が鳴って，教師の話で授業が終わるのでは，授業という仕事は教師の仕事だと感じとり，確かに自分が変わることができたという学びのよさ，学びの価値に気がつかないという恐れがあります。

また，自分自身で振り返らせるという自己評価の手続きは，本人の行動を強めるという心理学的な研究成果もあります。OECDの調査などでは，国際比較の中で日本の子どもの教科学習に対する関心・意欲・態度の得点の低さが指摘されています。自分がこの1時間に価値のある活動をしたのだという自己評価，そして自分自身の学習行動を強める手続きを組み入れていったならば，学習に対する積極的な態度形成にもつながっていくと考えられます。

関心・意欲・態度の形成は，教科の学習への取り組みの構えをアクティブにするだけではありません。学びに関心・意欲をもって取り組む自分自身への自己評価は，自尊感情・自己肯定感を高める機会となります。
　学ばせるべき内容が増えてきている中，振り返りの時間を入れる余裕がないという声を聞かないではありません。しかし，これを入れ込まなくては，学びが一貫して受け身になってしまう可能性が高いのです。

（2）振り返りの視点をどう設定したらいいか

1）何を振り返らせるのか

　何について振り返らせるのか，これまでもよく行われてきている振り返りの例として，算数・数学の確認課題への取り組みがあります。ここまでは解けるようにさせたい，解き方を説明できるようにさせたいと教師がめざした課題を授業の最後に与え，その結果で子ども自身に学習の成否を知らせようというものです。この形が振り返りの基本です。
　本時の目標明示の大事さを先に述べました。本時の目標はそのまま最後に確認すべきポイントです。
　「第一段落での登場人物Ａの心情を自分のことばで書き表す」という課題であれば，振り返りでは「第一段落での登場人物Ａの心情を自分のことばで書き表しなさい」という指示をすることが求められます。そしてしっかり書き表せたかどうか，教師のまとめや仲間からの評価で確かめさせます。
　「日本の環境政策の実態を学び，評価をし，より実効性のあるものにするための改善すべきポイントをあげることができるようになる」という課題であれば，振り返りでは「日本の環境政策をより実効性のあるものにするための改善すべきポイントを書きなさい」という指示になるでしょう。
　英語であれば，学んだ文例を使って他の表現を書かせるとか，音楽の合唱であれば，授業の終わりに行うみんなでの合唱を録音し，それを聞きながら本時の留意点がクリアできていたかどうか，できていない場合は次にどんな

課題設定が必要かを書かせるなどになります。

　最初の目標提示と最後の振り返りの視点が首尾一貫していることはとても重要です。右に左に授業の筋道がぶれ，最後のゴールは予想外ということでは，子どもはたどった道もわからないまま次の学習を迎えることになってしまいます。

2）ねらいに沿った振り返りを

　テストなどのように，正誤の形では理解度を振り返ることができない内容の授業もあります。その場合，授業で使ったワークシートの最後に振り返りを記入させるスタイルがしばしばとられます。ノートに毎時それを書かせるという方法もあります。そのとき，よく見るのは「感想」という表現です。この指示はよくありません。「最後に振り返りをします。今日の授業の感想を書きましょう」といった指示をすると，子どもたちのほとんどは「よくわかった」「難しかった」といった程度の寸評を書くにとどまってしまいます。

　たまに，しっかり書けた者の振り返りを発表させるなどしているようですが，全員がしっかり書けるような指示の工夫が必要ではないでしょうか。そのためには，何を振り返るべきかを教師がきちんと伝えることが必要です。教師自身が次の授業に生かすための形成的評価情報として知りたい内容がきちんと得られるようなことばかけが必要です。

　「今日の授業で新しくわかったことは何ですか。書き出しましょう（社会科など）」「登場人物Aに対するあなたの気持ちはどう変わりましたか（国語）」「今日習った新しい表現はどこで使うことができそうですか（英語）」など，子どもから引き出したい振り返りをきちんと伝えれば，小学校1年生から，子どもはしっかり文を書くようになります。子どもは「振り返りをさせてもしっかり書かない。書く力がない」のではありません。何を書けばいいのか，教師が子どもにわかるように表現を工夫して指示をすれば書けるのです。

　また，振り返りでは，学ぶ価値はどこにあるのかということを同時に知ら

せたいと思います。「できた－できなかった」という成否のものさしだけでは，学級内の一人ひとりの個人差を考えれば「できなかった」と答えざるを得ない子どもがいることが多くなります。できなかったことを失敗体験にしないためにも，どれだけがんばれたかといった努力の振り返りをさせることも望ましいと思います。また，どれだけ進歩したかといった個人内の相対的な成長に気づかせることも大事だと考えます。

3）ときにはプラスアルファの振り返りも

　協同学習では，仲間との高め合う関係性を重要視します。そういった関係性は，学級会活動などで行う人間関係トレーニングだけでは身につきません。授業の中，課題追究行動の中で体験しながらつくっていくことが重要です。

　野口芳宏氏は授業における学級づくりの重要さを述べた後に，「1時間1時間の授業はまた学級づくりに大きな影響を与えるものでもある……。学級づくりの中心は授業にあるのだ，と言ってさえよいかもしれない」と述べています。

　ともに高め合う仲間は，たんなる仲良しではありません。高め合う働きかけ合いができたとき，子どもたちがそれをきちんと確認することが大事です。振り返らせることで，仲間のよさの確認をさせることは有意義です。よさを見すごすことのないように気づかせることが必要なのです。

　「今日の授業では誰の考えが自分の意見づくりに役立ちましたか」「クラス

全体の意見発表の中であなたがなるほどと思う意見をいったのは誰ですか」「あなたのグループのメンバーは，今日の授業でどれほどがんばっていましたか」というような，仲間のよさ，仲間の価値を確認できる視点での振り返りをときに入れ込んでおくことは意義あることです。

　また，学習者本人の「関心・意欲・態度」に関する振り返りを組み入れることも有意義です。

　「今日は熱心に取り組めましたか。自分の取り組みの姿を振り返って書きなさい」「今日の課題は，どんなところに興味を感じましたか。興味深いと思ったところを書きなさい」「今日の内容をさらに調べたいと思いましたか。具体的にはどんなことを調べたらいいと思いますか」などは，こういった視点で学びを深めたり広げたりすることも学習なのだということを知らせる手がかりになると考えられます。

（3）振り返りの生かし方

　授業終了時の振り返りの結果は，教師が回収して次の授業に活用する情報とします。振り返りを書かせている間に，机間観察を通して子どもの記述内容を見取る形ですむ場合もあるでしょう。教師が知りたい観点で書かれた記述は，子ども理解と授業改善にとても役立つものとなります。

　また，一緒に学んだ仲間がどんな振り返りをしたか，自分自身がきちんと振り返りをした子どもたちにはそれも関心のあることがらです。また，仲間の的確な，または有意義な振り返りは，それを知ることで他の子どもの振り返りを鍛えることになります。そういう意図をもって，数人の子どもの振り返りを学級全体に向けて発表させることも意義あることと思います。

　ただ，子どもによる振り返りの発表は，仲間に伝えるという意図をもってさせたいと考えます。指名した教師に向かっていうのではなく，仲間に向かって「自分はこう振り返った」ということを伝えさせたいのです。高め合う協同的な学級では当然の配慮といえます。

全体発表ができないときには，振り返りの記述を教室に掲示する形もよいかもしれません。全員の振り返りを掲示し，それに付箋でコメントをつけさせるなどという方法もあります。他の子どもに知らせたい振り返りを教師がピックアップして掲示することもよいでしょう。

　なお，掲示した振り返りに付箋をつけさせるという工夫は，自己評価による振り返りの妥当性や適切性を相互評価によって検討するという機能をもちます。自己評価の力を鍛える機会になるのです。独りよがりの基準で振り返りをくり返していたのでは進歩がありません。

　教師が振り返りを読んで赤入れをすることは，子どもが自己評価の基準そのものを振り返る機会となります。書き終わったところで隣同士で振り返りを交換し，相手の振り返りに対して率直な感想を述べ合うことも，相互評価によって自己評価基準を鍛える機会となります。

第4章
協同的学級経営をベースに置いたアクティブ・ラーニング

1 協同的な学級では どんな活動が見られるのか

（1） 高め合う学び合いの姿

　たんなる仲良し集団ではなく，課題解決志向的な文化が定着したクラスでは，子どもたちがたがいに高め合う活動が自然に見られるようになります。

　本書の27ページで，答を教えた後に，たんに答を書いただけではわかったことにならないよといった趣旨の働きかけをした子どもの事例を書きました。その子どもの行動は「教えてあげた」だけではなかったのです。

　クラスの仲間全員が高まることが大事だという，協同の文化が根づいているクラスは，ごまかし勉強ではダメだという考えを共有し合っているのです。理解し，説明できるようになることが勉強であり，仲間全員がそれに向かうことが大事だという考えを共有しているのです。率直な助言を受ける側にもそういった考えが共有されているのです。「面倒なことをいうなあ」などとは思わないのです。友達と仲良くしましょう，友達に優しくしましょう，といった声かけだけではこういった高め合いの姿は期待できません。

　協同学習を一貫して進めているクラスでは，支援が必要な子どもの落ち着きぶりが違うように感じます。教室の後ろで授業を参観していても，要支援の子どもが目立ちません。この教室にいる誰もが成長したがっているという成長意欲，一人ひとりの個性，個人差をたがいに認め合っている学級では，安心して意欲を発揮できることが落ち着きにつながっていると感じられます。

　一般の学級では，授業開始当初から口々に教師に質問し，個人思考を指示してもすぐに隣同士で話をはじめるというようすを見ることが少なくありません。それを意欲の表れとか活発だととらえることは適切ではありません。協同学習をしっかり実践している学級は，しっとりとした落ち着きがあり，

教師の指示をしっかり聞きとり，個人思考では誰とも相談せずにきちんと自分で考えるという行動をとっています。協同的な文化が定着していると，一人ひとりの学びが尊重され，学び合いのステップなどで確実に仲間からの支援が得られることがわかっているため，落ち着いて，各自の個人差に応じた個の学習活動もできるようになるのです。

　ある中学校の実践では，教師が「まず5分間，この課題について個人もしくは近くの人と話し合って自分の意見を考え出しなさい」という指示を出しました。「近くの人と話し合って」ということばがついていたにもかかわらず，学級の全員が前半はしっかり，誰とも相談せずに個人思考を行い，個人としての考えができてきたところで意見交換をはじめるというようすを観察したことがあります。

　協同的な学級集団では，わからなかったらどうしよう，答えられなかったらどうしようといった，個と個が切り離されて学んでいるときに生じる不安が本当に少なくなります。仲間全員が，自分が成長したいと思っていることを理解してくれており，自分の応援団なのですから，しっとり落ち着いて，自分の学びに向かうことができるのです。

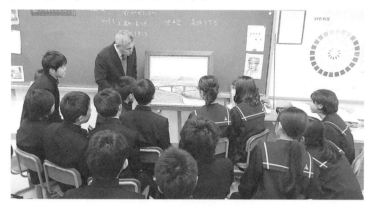

【意欲的な授業参加の姿】

第4章　協同的学級経営をベースに置いたアクティブ・ラーニング　｜　61

（2）協同的な学級集団づくりの基本

　高め合う課題解決志向的集団は，授業や特別活動など，集団場面での課題解決行動を通してつくっていくのだという視点はとても重要です。教師期待効果（ピグマリオン効果）は教師の指導態度と子どもの変化との関係を説明する興味深い理論ですが，学級集団づくりでもこの原理は適用できるように思います。教師の集団づくりへの理解・態度が，よりよい学級づくりの力になると考えるのです。

　ある小学校で若手の教師から次のような質問を受けました。「学び合いをすると教える子と教えられる子が固定されてしまって，教えられる子がみじめになると思うのですが」。私はこう答えざるを得ませんでした。「先生がそう思っているから子どもがそう感じるんだと思いますよ」。

　教師が協同的学級の意義を理解することが何より大事だと感じます。授業の中で，早くできた子，正解の多い子をお手本として称賛するなどということをくり返すならば，高め合える学級は期待できません。子どもたちの間に乗り越えることが難しい個人差があることは事実です。負け続ければ意欲をなくしますし，人間関係にもよい影響をもたらしません。「早い－遅い」「できた－できなかった」という限られたものさしで子どもたちを測るのではなく，自分の成長に向かって努力する姿，仲間を支援する姿，仲間の支援に応えようとする姿などに教師が目をとめて学級経営を行えば，子どもたちの間で豊かな認め合いができるようになり，より意欲的に，より協同的に学習に取り組むことが期待できます。そしてその結果，学習内容の習得ばかりでなく，教科に対する関心・意欲・態度面での成長も促すはずです。

　学び合う学習活動では，その過程でいろいろな認め合いが起きます。教師主導の講義一辺倒ではそういう活動はほとんど生じません。多様な活動が可能であり，多様なものさしで一人ひとりの子どもが認められる，そういった活動を組み込むことが協同的な学級集団づくりの基本的な条件といえます。

2 学級全体の学び合いによる授業の進め方

（1）学級全体の学び合い

　グループ形態の学習だけが協同学習ではありません。クラスのメンバー全員が学び合い，高め合う学習活動を仕かけることも可能です。

　たがいに高め合うことが大事だと認め合っている学級では，たとえ教師の一斉講義であっても，それをしっかり学ぶことが次の学習に必須だという理解が共有されていれば，仲間相互でしっかり話を聞くように注意し合う活動がなされます。「先生が大事な話をしているんだからしっかり理解しようよ」という働きかけ合いが自然になされるようになります。

　また，そういった学級では，授業の中の一人ひとりの発言が仲間を高める意図をもってなされます。発言を聞く仲間はしっかり聞きとり，率直に同意する，または異論を唱えることで発言者を高めようとします。

　クラスの高め合いを促すために，教師はクラスとしての目標設定をします。「クラスのみんなが○○をできるようになろう」というように，その授業時間でのクラスの課題を示します。一人ひとりがクラスの課題の達成のためにがんばり，また支援をし合います。協同学習では2つの個人の責任を要求しますが，クラスの課題はその責任をはっきりさせる仕かけとなります。

　板橋区の蓮根第二小学校で見た「宝の木」は，クラスの課題が達成されるごとに宝の木に教師がリンゴを貼っていくものです。たわわに実った木は，クラスの協同の証となります。

（2）クラスの課題で協同を促す

　授業の中で学級の協同を育てようとするならば，導入で本時の学習課題を示す折に，クラスの課題にも言及することが有効です。「クラスの全員がここまではできるようになろう」といった表現を加えることです。そうすることで，子どもたちにとっては自分だけができればいいわけではないこと，クラスの仲間もそこまで到達しなくてはいけないことが目標となります。学習が遅れている仲間を支援することが当たり前となります。

　数学などでは，その時間で理解しておくべき問題について「クラスの全員がこの問題を解くことができ，解き方を説明できるようになる」という表現を加えた課題とします。もちろん，個人差はありますから，示す問題は本時の基本問題です。授業の進め方についての見通しを説明するときには，数学が得意な子どもにはさらに発展課題を準備してあることも伝えます。個人思考の折にはそういった課題に取り組むこともすすめます。

　ただ，学び合いがはじまれば，学習の遅れている仲間も，本時の課題までは理解が進むように支援が交わされます。そこでは，仲間を支援する責任，仲間の支援に応える責任という２つの個人の責任が求められます。子どもたちは仲間に応えようとがんばります。

　学習が遅くとも，クラスの課題の達成に向かってがんばる仲間に対しては信頼が生まれます。本気で支援してくれる仲間に対しても信頼が生まれます。アクティブな学習活動が期待できるだけでなく，成長のために鍛え合う，課題解決志向的集団づくりのプロセスがそこにはあります。

　合唱コンクールなどは，よりよいパフォーマンスを追求する課題解決志向的集団としてのクラスの結びつきが高まる機会となっています。授業でもそういう仕かけが可能です。小学校６年生の子どもに「去年の６年生のテストの平均値は75点だったけれど，このクラスはどこまでいけるかな」というような，仮想的な相手への挑戦もクラスの課題となります。

（3）机配置の工夫

1）当たり前の教室風景を見なおしてみると

　クラスの協同を進めようとするならば，教室の机の配置も一工夫あった方がいいように思います。

　学級の荒れで悩んでいる小学校の教室を訪問した折のことです。4年生の，まだ体の小さい子どもたちが24人，たがいに1メートルほども離れて1人ずつ机を並べていたのです。机が近いと騒ぎ合うことを懸念しての配慮なのでしょう。しかし，後ろで観察をしていると，一斉講義の，一部の子どもしか理解できない内容の授業過程

に，理解できない子どもたちが次第にイライラしてくるようすがはっきりとわかりました。「先生のいっていることよくわからないね」といったまなざしを交わし合うこともできない距離なのです。その後，グループの話し合いがはじまると，話し合いより先にイライラを解消する行動が出て，グループの中でいじめられる子が出てきたのです。

　また，中学校・高校では机を2人ずつ並べるより，それぞれを離して列をつくることが多いようです。「隣同士で意見の確認をしましょう」といっても，身を乗り出さなくてはそれができません。必然的に指示通りの活動をしないままのペアもたくさん見られます。英語の会話練習を隣同士でしなさいといっても，会話の距離より離れている場合が多いのです。

　机1つ1つを切り離して座らせている風景は，教師の教師主導の意思を表

しているように感じます。学び合いはつけたし，すなわち，協同的学級経営を基盤とするという意思とは同じ方向にないように感じるのです。

最近は，小学校などではクラスサイズが小さいクラスが増えています。それに伴って，子ども同士の机の距離が離れてきているように感じます。横に長い設計の教室などではその傾向はさらに強いように感じます。

鳥瞰すると学級としてのまとまりが感じられるような机配置の工夫，学級の協同が容易に進められるような工夫が必要だと思います。

2）学級の協同を促す机配置の工夫

私は特定の机配置を主張するつもりはありません。一部に，協同学習を進めるときには「コ」の字に机を配置するとよいという提案があるとも聞きますが，特定の形でいつも効果があるとは思わないのです。

協同的な学習活動を進めている学校の多くは，小学校はもちろん，中学校でも高校でも，机を2つずつ並べて座っています。列の間も離れすぎない距離になっています。後ろから観察すると，クラスとしての一体感を感じとることができる配置になっています。

理科室では机が離れているため，子どもの距離が遠くなってしまうのですが，協同学習を実践している教師は，座学の際は前方の机に子どもを座らせ，密度を高くし，実験に入ってはじめて理科室全体に移動させています。

一斉形態の協同学習では，クラスメンバー全員の参加による学び合いがなされます。それを主体的・自律的に進めるには，教師の助言・介入は最小限にしたいと思います。せっかくの「コ」の字型の机配置でも，コの字の空間部分をとても広くとってある配置に出会うと，子どもが相互に見合うためというより，そこが教師が活躍する舞台のように見えてしまいます。子どもに一体感を感じさせる距離の配慮がここでも必要です。

私が参観した授業の中で感心した形に，次のようなものがあります。

個人思考の後，まわりの仲間と意見の確認をし，全体交流に入ります。そのときの机移動です。指示と同時に子どもたちが移動させた机の並びは，中

心がきっちりと合ったほぼ三重の円でした。一番前の子どもは黒板に完全に背を向けています。教師が机間をめぐる隙間はありません。輪の外にしか教師の立ち位置がありません。今からは自分たちの時間だぞという子どもたちの宣言のように感じました。

発言は常に仲間に向かってなされ，聞く側は自分に向かって話されているという感覚をもつことができます。仲間の考えを踏まえながらの意見交換が進んでいきました。教師は，もし議論が偏ったり，明らかな誤解があったりしたときにだけ，円の外から助言をすることになります。

（4）意見交流のさせ方の工夫

学び合いの意味を明らかに誤解した実践に出合うことがあります。

1時間の中で，教師が次々に発問し，子どもの回答機会を増やすことを学び合いと考えているらしい実践です。教師主導で進められていく発問と応答の連続に，きちんと参加している子どもは何人いるのでしょうか。「合い」といえる活動をそこに見つけることはできません。また，即問即答というやりとりが学びを深めるとは考えられません。すぐに答えられるような簡単な事項の羅列が内容となっている授業のようにも思います。学力観は貧弱です。

一斉形態で，子ども一人ひとりが考えを発表する場合，通常は発表者は教師に向かいます。しかし，人と人とのやりとりを横から聞きとるという形は，日常生活では不自然ですね。やはり自分に向かった発言であってこそ聞こう

という構えもできるものです。

　小学校4年生の算数の実践を参観した折のことです。教師が出した5問を個別に解かせます。大部分の子どもが解に至った頃，1人の子どもが指名されました。黒板にはすでに教師が問題を書いています。

　指名された子どもは前に出てくると，まず黒板を背にして「これからこの問題を僕が説明しますからよく聞いていてください」と宣言し，仲間に向かって解説しながら問題を解いていきました。その教室では，5問とも，指名された子どもは同じ行動をとりました。

　しばしば見られる風景は，前に出てきた子どもは終始黒板の方だけを向き，問題の解法を板書し，小声で説明し，それを教師が言いなおすという形です。子どもは何のために前に出てきているのでしょうか。

　子ども同士の本当の伝え合いの形を教えておく必要があります。そこでは，指名された子どもは教師の言いなおしを期待せず，仲間に伝える工夫をします。伝えるためにおのずから声もしっかりしますし，説明も工夫したものになります。豊かな同時学習も期待できます。

(5) 教師のまとめをどうするか

　一斉形態の協同学習というスタイルで子どもたち一人ひとりが理解を深めていく実践を参観した後の研究協議会で，教科教育を担当する大学教員が「今日の授業では，先生が最後のまとめをしなかったのですが，それでいいのですか？」という質問をしました。それに対する実践者の回答は「今日の子どもたちの結論，到達度で何かご不満がありましたか」というものでした。

　授業の最後は教師のまとめで終わるというパターンは一般的なものです。しかし，その実践者は加えてこういったのです。「毎回私がまとめをいうと，子どもたちはそれを期待してしまう」と。これはみごとな見識だと思いました。彼にいわせれば，教師が最後のまとめをしなくてはいけないときは，授業準備が不十分なときだというのです。彼の授業では，子どもたちだけで話

し合い，高め合うための教材準備をしっかりとしておき，本時の課題・目標をはっきりと示し，資料読解の視点を与え，はじめの個人思考とその後の学級内での高め合いの手順の説明をし，後の活動は学習者に任せるという形をとるのです。ここで教師の仕かけが不十分であれば，めざす目標には到達できないことになり，教師の修正とまとめの解説が必要になりますが，そうならない工夫をすることが自分の仕事だというのです。

　教師による最後のまとめはひょっとすると教師の安心のためのセレモニーかもしれません。受け身の学習を助長する落とし穴かもしれません。それがあることによって，子どもたちは創造的な思考をするのではなく，教師の腹の中にある正解を探る学習活動をするかもしれません。

　上記の教師の見解は，アクティブ・ラーニングが求める学力追求のためには，授業の進め方がアクティブでなくてはいけないという考えをさらに強めるものだと思います。道徳の授業ではしばしば教師の最後のまとめが重要視されていますが，子どもの主体的な変化，道徳性の内面化ということを考えると，授業の組み立てを考えなおしてみる必要があるようにも思います。

3 スモールグループを生かした協同学習

（1）グループを使えば学び合いは起きる？

　教室内を数人のスモールグループに分けて学ばせるグループ学習を協同学習ではよく使います。そこでは子どもたちの学習への参加度が高まり，個に応じた学習活動が学び合いの中で可能になります。高め合う活動を通してたがいの信頼関係も強まり，豊かな同時学習が期待できる活動です。

　ただ，形だけのグループ学習では期待される成果を得ることはできません。

　最近の子どもたちはコミュニケーション能力が低いのでグループ学習は無理ではないかという意見を聞きます。本当でしょうか。私は，長い実践研究の中で，小学校1年生は4人グループでの話し合いが十分できることを知っています。さらに，保育園の実践を参観した折，5歳児の7人グループが全員参加で課題に向かって話し合う場面にも出合っています。

　漠然とした「話し合ってください」という指示では何を話していいかわからないのは，おそらく大人も同じです。子どもには話し合う力がないという実践者は，自身が話し合いをさせる仕掛けをしっかりしているのでしょうか。

　保育園の5歳児の話し合いは，何を話し合うべきかを子どもたちがしっかり理解した後の話し合いでした。小学校1年生も，そういった配慮があってこその話し合いの姿です。

　「意見を出すだけで終わってしまっている」「意見を出し合うだけで深まりがない」。そういう感想を出す前に，練り上げ，深め合うような話し合いをさせる仕掛けをしているでしょうか。「発言に偏りがある」「一部の意見にただ乗りしている」。そうさせない工夫をしているでしょうか。子どものもつコミュニケーション能力を引き出す工夫が大事なのです。

（2）グループへの課題を明確に示す

　「この問題についてグループで話し合ってください」「この課題をグループで考えましょう」といった指示で話し合いをはじめさせる実践はめずらしくありません。ただ，指示する側は，グループに本当は何をさせたいのでしょうか。

　指示をそのまま受けとめれば，前者は「話し合うこと」がゴールであり，後者は「考えること」がゴールです。一方，指示した側は，一定の話し合いの後にグループの意見を発表させようと思っているのかもしれません。話し合いの直後にテストをして，一人ひとりの理解が深まっているかどうか知ろうとしているのかもしれません。その意図は的確に伝わっているでしょうか。

　教師は話し合いをさせる場合，何についての話し合いか，その意図とゴールを相手に明確に伝えなくては的確な話し合いは期待できません。相手に意図を推測させるといった甘い指示ではいけないのです。

　後でグループの話し合いの結果を発表させ，学級で共有しようという意図があっての話し合いであれば「グループで話し合って，グループとしての意見を1つにまとめなさい」と伝えるべきでしょうし，多様な意見を求めるつもりならば「グループでできるだけたくさんの意見をつくり出しなさい」というべきでしょう。全員の達成を知りたいのならば「グループの誰が指名されても説明できるように学び合いなさい」という表現が必要かもしれません。

　グループで何をめざした活動をすればよいのか，それを子どもたち全員がきちんと理解できるような，わかりやすい「グループ課題」の伝え方，表現の仕方は大事な教材研究といえます。課題のないところに学習活動は起きないという原理はグループの話し合いでも同様です。気のきくメンバーがいる一部のグループだけ，期待通りの回答ができるということは，他のグループのメンバーには失敗体験となってしまいます。失敗の原因が彼らにはないにもかかわらずです。

（3）個人思考で，話し合いへの仕込みを

　一斉指導の途中で「ここまでの説明は難しかったかな。あまりわかっていなさそうな顔をしているね。では一度グループで話し合ってみようか」というような乱暴な授業に出合ったことがあります。クラスのほとんどのメンバーがわかっていないことがらについて話し合っても何かが生まれてくるとは考えられません。話し合いもできなかったし，何も理解が進まなかったという失敗体験だけが残ります。

　グループの話し合いに際しては，あらかじめ一人ひとりの子どもに「仕込み」が必要です。話し合いに必要な基礎情報を教師がしっかりと講義するという手続きが必要な教材も多くあります。個人で資料を読解するという形もあります。予習という形もあります。

　そして，それを，グループで話し合う課題と関連させて一人ひとりの意見という形にすることも大事な「仕込み」です。通常用いられる手続きは，話し合いに先立って個人思考を入れるというものです。これを入れないで話し合いをはじめると，一部の発言力の強いメンバーに話し合いがリードされ，数人の考えを寄せ合い積み上げるというプロセスが期待できなくなります。3人寄っても1人の知恵しか出されないことになります。話し合いの過程では，ただ聞くだけのただ乗りも許してしまいます。

　仕込みのための個人思考を指示する際には「誰とも相談してはいけません」と断る必要もあります。グループでの話し合いに自分も貢献するのだという個人の責任を求める指示ともいえます。

　なお，個人思考が難しい子どもがいることも事実です。個人思考の間は教師の手は空いていますから，そういう子どもにきちんと対応しましょう。少なくとも課題は何か，理解させておく必要があります。また，「先生から聞いたといえばいいから」と断って，その子がグループで何か提案できるようなアイデアを教えておくのもよいと思います。

（4）話し合いを成功させるための支援の仕方

　最近の子どものコミュニケーション能力では，話し合わせるのが難しいのではないかと，教師の世界では常識のように語られています。小学校から高校まで，ときには大学でもそういった声は一貫しています。私はそれは間違っていると考えています。

　学び合いができるような教師の仕かけがきちんとなされていれば，子どもたちの間での話し合いはきちんとできるのです。日常生活ではコミュニケーションができている子どもたちであるにもかかわらず授業で話し合いができないなどというケースは，グループ課題の表現や示し方の工夫の不足など，教師の準備の方に問題がある場合がほとんどのように思います。

　発言が一部の子どもに偏ってしまう，教える子と教えられる子が固定されてしまう，並列的な意見の言い合いで深まりがない，など学び合いの導入に際して多くの疑問が出ています。

　確かにそういった事例にしばしば出合うことは事実です。教師が期待する深い，密度の濃い話し合いは望めないのでしょうか。

　学び合いの問題指摘の議論は，学び合いは効果がないという証拠探しをしているようにさえ感じます。では，もとの教師主導の一斉講義方式にもどるのでしょうか。一部の子どもにしか届かない教師の解説では，この問題は解決しないでしょう。受け身学習ではアクティブ・ラーニングは実現しそうにありません。

　上記のような疑問は実は課題の発見であり，解決に向かう実践努力をすれば新しい可能性が見えてくる素晴らしい着眼でもあるのです。実践を通してさまざまな解決方法や考え方が出てくることを期待したいです。これまでの協同学習の実践研究の中でも有効な実践や考え方は多く出されてきています。いくつか紹介したいと思います。

1）参加の偏りを減らす工夫・多様な意見を出させる工夫

　話し合いはどうしてもそこに参加するメンバーが偏ってしまう，という声を聞くことはめずらしくありません。工夫のない話し合いではそういうことは常に起きうるのです。

　まずは，子どもたちがあらかじめ個人思考をすることで各自の意見をもつということが必要でしょう。その前提として，グループに貢献する責任があるという協同の精神を伝えておく必要もあります。

　また，全員が参加できるような話し合いの手順をあらかじめ伝えておくことも有効です。「はじめに座席位置１番の人から順に自分の意見をみんなに伝えましょう。一通り発表が終わったところでグループとしての意見をつくり出します」というような指示をすれば，誰もが意見をもっているということがグループの中で理解され，たがいの意見を聞き合う活動がなされます。個々のメンバーの参加度を高める工夫です。

　全員の学習参加がなければ，３人寄っても１人の知恵で，そんなことならば個々で考えて後で寄せ集めた方がいいかもしれません。実際，グループで話し合ってアイデアを出すという条件と，個別に考えてアイデアを出すという条件とでアイデアの量を比較すると個別の方がよいというような研究もあるのです。そんな結果をしのぐ仕掛けが必要です。グループでの学び合いはメンバーの人数分のたし算以上の成果を出せるという条件です。

　多様な意見を出させる工夫には，参加の偏りをなくす工夫がそのまま適用できます。

　他者からの干渉なしの個人思考をあらかじめ行うことで，多様な意見が出る可能性が増します。グループの仲間への貢献を念頭に置いた一人ひとりの多様な気づきとの出合いは，仲間の価値をわからせてくれます。授業の中で信頼の絆で結ばれ合う人間関係づくりがなされます。

　また，グループの中で全員が意見を伝えられるような話し合いの手順を指示しておくことによって，個々の意見が強い意見に抑え込まれてしまうということが減ります。

2）深まりのある話し合いを促す工夫

話し合いをさせても意見を言い合うだけで終わってしまう，グループの意見をといっても，中身をしっかり吟味することもなく多数決で決めたり勢力の強い者の意見が採用されたりすることが多い，といったグループ活動にしばしば出合います。

こういった問題も解決可能であり，解決するための実践をつくってもらいたいと思います。それらの問題点は，話し合いに必ず伴う欠点ではないからです。こちらが工夫を加えればよりよい話し合いが可能になるのです。

深める話し合いでは批判的な意見のやりとりも必要になります。それは相手を傷つけるためのものではなく，仲間でよりよいものをつくり出していくための鍛え合いの過程です。率直に自分の意見をいい合える，課題解決志向的な学級経営が大事だということがわかります。

また，深め練り上げる話し合いを漠然と学習者に求めても，その期待に応えることは難しいでしょう。経験の少ない子どもたちはどうすれば深める話し合いができるか，練り上げる話し合いができるか知らないのですから。そこで教師の仕かけが大事になります。

たとえば，次のような工夫はどうでしょうか。

教師が出した課題，「江戸幕府成立の理由をまとめなさい」や「第○段落の登場人物Aの心情をまとめなさい」や，数学の証明問題への取り組みなどを想定してみます。まず個人思考でそれぞれの考えをつくり出します。その後，グループになり，座席番号1番の人から左回りに自分の考えを発表しなさいという形で発表させます。さらに，「仲間の意見を一通り聞いたと思い

ます。次に座席番号３番の人の考えを机の真ん中に置きなさい。その考えを柱にして，グループとしての答をつくり出しなさい」とするのです。

　みんなの前に出された回答は必ずしも最良の答ではありません。仲間で意見を出し合ってそれを改善していくという作業は練り上げの作業に近いものになります。

（5）グループ編成の考え方と工夫

　集団編成に関する集団心理学の研究成果では，一貫して集団内異質条件が効果的だという結論が出されています。何について異質かというと，主に能力・学力についての研究が多いのですが，パーソナリティについての編成でも異質である方が効果的だという結論が出ています。

　異質性があるほど多様な意見が出る可能性が増し，それが効果の主な理由と考えられています。

　個に応じた「指導」という発想をすると，集団内等質条件の方が「教えやすい」という，教える側の論理が先行します。しかし，学びを軸に考えた学習指導活動では，仲間が多様であることが多様な意見交換を可能にし，個に応じた学習活動がなされやすいと考えられます。多様な理解度，多様な意見との出合いがそこにはあります。

　仲良しグループを推奨する記述に出合うこともありますが，仲良しはあくまで仲良しであり，課題追究の仲間とは性質が違います。人間関係の維持に気をつかうことで，かえって効率が下がるグループが出てきます。

　グループにリーダーとなる者を置きたいという意見を聞くこともあります。固定したリーダーは必要でしょうか。協同学習の多くの実践では，リーダーはもち回りにしています。どの子も学習の中でリーダーシップを同時に学ぶことも大事だと考えるからです。教師の意図通りに気のきいた活動ができる，教師にとって都合のいいリーダーを求めるべきではないと思います。

　子どもたちの間で，たがいにリーダーへの支援がなされることも必要なの

です。リーダー以外にも，発表係，連絡係など，多様な役割を用意し，授業の中でそれらの役割の同時学習を図ることも意義があると思います。

　グループサイズは4～6人，最近は4人グループがよく使われます。ただ，これは固定的に考えるのではなく，課題に応じて決めることが望ましいといえます。

（6）効果的な全体交流を進めよう

1）全体交流での課題意識のもたせ方

　グループでの学び合いの後，または個人思考の後に，学級全体で意見交流を行う授業の流れが一般的です。グループの発表係や個人が仲間に向かって意見を伝えます。

　ただ，この活動に入ると，それまでグループの中で全員参加で話し合っていた姿，個人でしっかりと課題に取り組んでいた姿と比べると，参加度・集中度が一気に落ちてしまうように感じます。全体交流も，参加度・集中度を落とさずに効果的な学びの機会にできないものでしょうか。

　ここでは，発表する側，聞く側それぞれに課題意識をもたせるという配慮が必要であるように思います。

　多くの授業場面では教師は「意見を発表してください」という指示をします。発表者の課題意識は「発表すること」になります。これは課題意識としては甘いのではないでしょうか。発表者がすべきは「発表」ではなく「伝える」「理解させる」ことだと思うのです。「みんなにわかるように伝えてください」と教師は指示すべきでしょう。その際，教師に向かって発言させるのではなく，仲間に向かっていうように仕向けることも仕かけとしては大事です。

　聞く側は漫然と聞いていたのではせっかくの時間がもったいないことになります。聞く側にも課題をもたせるべきです。内容に応じてさまざまな指示がありえます。

「発表した意見を聞いて大事だと思う点を３つ以上書きとめなさい」と伝えて記入用のワークシートを渡す工夫があるでしょう。「誰に聞くかわからないけれど，発表者一人ひとりの意見について感想をいってもらいます」という形もあるでしょう。課題意識をもたないまま，発表者の方に体を向けて聞こうといった形だけでは学習規律とはいえないように思います。発表者を高めるという，聞く側の意識づけ，課題意識がいるのです。

２）お出かけバズという工夫

グループでの話し合いの結果を全体に広げる際に「お出かけバズ」と呼ぶ手法を用いると，参加度・集中度を保つことができるようになります。他のグループの話し合いの内容を聞いて回るという形のグループ間交流なのですが，その手法にもさまざまなバリエーションがあります。

その１つは，グループの考えをホワイトボードなどにきちんとまとめて書くところからはじめます。記入がすんだホワイトボードが出そろったら，全員が立ち上がり，自分のグループ以外のグループのホワイトボードを読みとりに行きます。数分間のその活動の後，元グループにもどり，自分が集めた情報を出し合い，考えを広げる話し合いをします。

もう１つは，グループメンバーを１人残し，他のメンバーはそれぞれ別々のグループを訪問します。１つのグループに他のグループから数人集まることになります。説明係は自分たちのグループの話し合いの内容を集まった他のグループのメンバーに伝えます。その後，出かけたメンバーが元グループに再度集まって，収集した情報を交換します。

3）スクランブルという工夫

　スクランブルという交流方法は，グループでの話し合い後，全員が立ち上がって自分の所属グループ以外のメンバーとペアになり，自分たちのグループの話し合いでの内容を伝え合うというものです。ペアの情報交換は一度だけですますことはせず，例えば1つのペアで5分ずつ，教師の指示にしたがって相手を変えるという手続きを3回くり返すなどといった進め方をします。

　これにより，1人のメンバーが3つのグループの話し合いでの重要なポイントを知ることになります。グループメンバー全員の情報は学級全体をほぼカバーします。

　聞きとった情報を元グループにもち返ってふたたび自分たちの意見を広げ深める話し合いをします。

（7）教師のかかわり方

　授業中の教師の仕事は，子どもを学ばせ，ねらいに沿った変容をさせることです。授業を参観してしばしば問題に感じるのは，子ども主体で進める学習時間，すなわち，個人思考やグループでの学びの際の教師の行動です。いったん指示を出しておいて，子どもが学習に取り組んでいる最中に最初の指示を変更したり，追加の指示を出したりするということが望ましくないことは容易にわかります。その他に気になることがあるのです。

　子どもの学習中に「○○君がいい考えを出しているよ」「みんな集中しているね」など，本当に集中して取り組んでいたら誰も聞かないような発言を頻繁に発する教師がいます。教師の方は励ましているつもりでも，集中して自律的に学んでいる子どもから見たらノイズ以外の何ものでもありません。子どもが集中している間は教師も無言がよいと思うのです。中にはきちんと内容が読みとれないという子もいるでしょうから，そういった子どもにだけきちんとかかわったらどうでしょう。

　わかりかけた子どもに一言アドバイスをして正解に導くなどという机間指

導も不要といえます。その子は後の解説や仲間との学び合いを通して「なるほど」と自分で理解した方が学力として残るでしょう。

　グループで話し合っている最中に教師が入る場合も注意が必要です。教師がグループ単位で指導をはじめると，その時点でしばしば子どもたちの顔が下を向いてしまいます。生き生きとした学びの姿勢から依存的な顔つきに変化します。話し合いに明らかに行きづまってしまっているグループに，彼らの意見を深めるために一言アドバイスをするならば有効な場合もありますが，グループ単位で教えるようなことはしない方がいいのです。

　アクティブな学びを保障するための支援という一貫した指導態度が求められます。

第5章

アクティブな学びを創る協同学習実践

1 ジグソー法による授業づくり

（1） ジグソー法の進め方と背景にある考え方

　ジグソー法（Jigsaw）は1978年に出版されたアロンソンらによる著書で広く知られるようになりました。多様な文化のもとで育った人々が交わるアメリカ合衆国で，主に白人・黒人・ヒスパニックといった人種的集団の協調関係を深めることをめざしたものでした。

　まず，人種・性・能力が異質になるように5～6人の集団を編成します。こういうグループを1クラスにいくつかつくるのです。メンバー全員に学ばせたい学習課題を小集団の人数分の下位課題に分割します。グループのメンバー一人ひとりに別々の下位課題を割り振ります。

　メンバーは自分の課題を理解した後，元グループを離れ，改めて同じ課題を与えられた者ばかりが集まった「専門家集団（エキスパートグループ）」と呼ぶ集団をつくり，そこで協同的な学習をします。専門家集団の集団としての課題は，メンバー全員が，もとの集団にもどったときに，他のメンバーに自分が担当した課題をしっかり伝えられるようにすることです。

　専門家集団での話し合いの後，再度元グループに全員がもどり，自分が学んだことがらについて仲間に教え，他の部分について仲間から学びます。最後に個別に，全体の課題に関する理解度テストを受けるのです。

　集団活動での成員の学び合い，高め合いを，グループ内にとどまらずグループ間にまで広げたところに特徴がある集団活用の工夫といえます。

　各グループの中では，自分が担当した課題については自分だけが専門家です。仲間全員の理解を確かなものにするためには「教えるという構え」で学びます。仲間に対する「個人の責任」を身をもって体験し，その重要性を同

時学習する機会でもあります。

　杉江・梶田の1989年の研究では，教えるという構えで学ぶことの効果がはっきりと示されました。テキストにアンダーラインを引く頻度，メモを書き込む頻度が，後でテストをするから学ぶという場合に比べてはるかに高かったのです。「個人の責任」は，学びへの重要な動機づけになるようです。

　最近，日本でも認知心理学の立場から協調学習という形でこのジグソー法が見なおされてきています。そこで強調されるのは，「知識構成型ジグソー法」と呼ばれるもので，話し合いを通して，より整理された，深い学びに至ることを期待しています。メンバーそれぞれがもつ違った情報をもとに，より深い思考に練り上げるグループ課題づくりを工夫することで，そのような成果が期待できると考えられます。

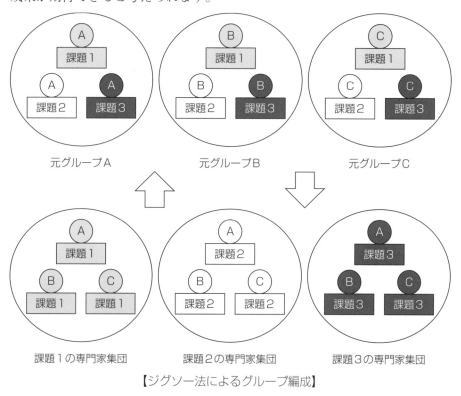

【ジグソー法によるグループ編成】

（2）ジグソー法の課題づくりと集団づくり

　ジグソー法が適用できるのは知識構成型の課題に限りません。個人の責任で，自分が学んだ内容を相手にわかるように整理し，伝えるという活動は，知識の定着を図る場合にも有効です。

　ただ，専門家集団に分かれることによって，別々の課題を同時並行で検討することになりますから，一般的に積み上げ式の下位課題はジグソー法には不向きです。並列的な下位課題に分けられるものがジグソー法には合うのです。

　数学の場合は，難易度の等しい複数の問題を1人1つずつ担当し，専門家集団でこれでいこうと決めた解法を伝え合う，地理では，特産物と特産である理由を地域別に分担する，などの課題づくりをすることになります。

　知識構成型の話し合いを期待するのであれば，たとえば，コンビナートの立地条件について，交通面から，人口面から，資源の面から，などといった並行的な位置づけの切り口を分担し，切り口ごとに深めた意見をもち寄り，総合的な考察を元グループで行うといった形が考えられます。

　ジグソー法はアクティブな学び，深め合う学びを可能にしますが，ジグソー法にするために無理やり下位課題をつくるという手法は感心しません。授業の進め方は教材に応じて選択すべきです。

　協調学習という理論からのジグソー法の提案は，知識の交流の有効性が前提となっていますが，学び合う仲間の関係性についてはほとんど配慮されていません。基礎とする学問の性格上仕方のないことです。しかし，現実の学校での学習では，人間関係を考えないわけにはいきません。ジグソー法を開発したアロンソンも，活動をスムーズに進めるために，集団づくりやコミュニケーション訓練を，ロール・プレイングやブレイン・ストーミングなどを用いて実施し，さらに集団のリーダー訓練も施すことを強調しています。集団のダイナミックスへの配慮の必要性を説いているのです。

仲間の成長のために，しっかり学び伝える活動，教える側の不十分な説明に対して率直に質問を返す活動，こういった高め合いの活動が可能になる協同的学級づくりもジグソー法には必要です。ジグソー法の実践では，学級の協同が前提であるという観点を一貫させたいと考えます。ジグソー法はまた，その実践を通して協同的な学習集団を育てる契機にも満ちています。

　ジグソー法には，スレイヴィンが開発したジグソーⅡもあります。通常は，下位課題に関するテキストなどは，それを分担する者だけがもっており，学んだり考えたりするための情報は個別に違っています。ジグソーⅡは，成員に個別の課題だけでなく課題の全貌についての情報も与えられる点が通常のジグソー法と違っています。また，スレイヴィンは，学習後に個別にテストをして，集団の総合点を比較し，ジグソー法の活動を小集団単位で評価するという手続きも入れることを推奨しています。

　メンバーが分担する下位課題の情報を全員が共有するというジグソーⅡの情報共有の形は，授業には普通は全員同じ教科書をもって臨んでいますから，適用範囲が広いかもしれません。私の大学での授業では，みんなが教科書をもっているのだから，そのことを前提として説明する工夫をしなさい，たとえば，教科書の所定の図や文章を相手にも参照させ読みとらせて，よりわかりやすくしなさい，ということを推奨しています。

【100人のクラスでジグソー法を実践（中京大学にて）】

第5章　アクティブな学びを創る協同学習実践

（3）ジグソー法を用いた授業事例

1）中学校　社会科

　2年生社会科，歴史教材，明治政府の政策の軸となった富国強兵に向けた政府の具体的施策を理解し，それが政策にどう位置づくかについて，一人ひとりが自分なりの意見をもてるようになることを課題とした実践です。

　具体的施策としては「学制」「徴兵令」「地租改正」を取り上げます。下位課題が3つですから，元グループのグループサイズは3人。明治維新という画期的な時代の変化が背景にありますから，考えるための背景理解に一定の時間がかかります。2時間で計画をする必要がありそうです。

〈1時間目〉
　2時間かけて何を学ぶか，課題を明確に知らせます。

> 〈課題〉　明治政府は富国強兵をめざしました。そこで実施した「学制」「徴兵令」「地租改正」という3つの政策は富国強兵とどう結びつくのか，3つの政策が必要だった理由は何か，クラスの誰もがしっかりした自分の考えを書けるようになりましょう。

　時代の大きな変化への政策的対応と，その結果の理解は，現代の変化の理解につながります。1時間目の前半は，過去のいくつかの体制変化の復習とあわせて，明治維新を理解することの意義を教師が伝えます。今からの学習の価値を知らせ，学びへのアクティブな構えをつくります。

　学び方はジグソー法を用いること，その時間配分も知らせます。

　3人グループをつくります。メンバーがそれぞれどの下位課題を担当するか決めさせます。

　授業の後半は，教師が教科書や資料を示した後，個別に自分が担当する下

位課題の学習をさせます。個人思考の課題は,「内容を他のメンバーに説明できるようになること」「富国強兵政策とどう結びつくのか意見をもつこと」の2つです。これをはっきり教師が伝えて学びに入らせます。

〈2時間目〉

2時間目は専門家集団からはじまります。グループの課題は「メンバーの誰もが,元グループにもどったとき『内容を他のメンバーに説明できるようになること』『富国強兵政策とどう結びつくのか意見をいえるようになること』」です。教師ははっきりとそれを伝えます。15分ほどを専門家集団の活動にあてます。

その後,元グループで伝え合いと考えの練り上げをします。ここでも教師は課題を伝えなおして確認します。「全員が3つの政策の内容を理解すること」「3つの政策が富国強兵とどう結びつくのか,なぜ3つ必要だったのか意見をいえること」の2つです。

議論の手がかりとして図も与えます。

元グループでの話し合いの手順も指示します。司会者を指定します。

まず3つの政策の解説を順に行い,1つ1つの説明に対して納得したか質問があるかの反応を一人ひとりがするという指示です。

その後,それぞれの政策と富国強兵の関係についての意見交換を行い,個人の考えを深める手がかりとさせます。

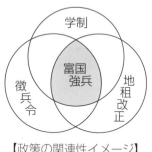

【政策の関連性イメージ】

最後に,個別に3つの政策が富国強兵とどうかかわるかについて個別に意見を書かせます。その後,隣同士で書いた意見を交換し,ぜひ紹介したい文章はないかと問い,クラス全体に向かって紹介させます。

2）高校　生物活用

　倉吉農業高等学校の「生物活用」という教科の中での，馬装の実習を扱った実践です。生徒16人のクラスですから，専門家集団での学習は，元グループにではなく，クラス全体にもちかえるという形にしました。

　本時の課題は「馬装の手順を理解し，協力して，一人ひとりが馬装を行うことができるようになる」。手順を理解し，実際の馬装をするというものです。馬房の見える教室での座学からはじまります。4人グループ4つを編成。下位課題は「頭絡のつけ方」「鞍のつけ方」の2つで，2グループが同じ課題を分担することになります。

　教師は課題を明示した後，学習の手順をきちんと伝えます。「課題理解」→「『頭絡のつけ方』『鞍のつけ方』をグループで分担」→「自分の経験から個別思考」→「資料による個別思考」→「担当作業別のグループで作業の確認と伝え方の協議」→「自分が担当した作業についてクラスの仲間に伝える」。最後の伝え合いでは，グループの代表が仲間に向かってしっかりと伝える姿と，聞く方の話している仲間に体を向けて聞きとろうという構えを見ることができました。

3）大学　教育方法論

　これは私の「教育方法論」の授業実践です。並列的な下位課題がある授業内容が，この授業では1回だけですので，全15時間の授業の中でジグソー法を採用するのは一度だけになります。

　幅広い学力形成に向かう一斉指導の工夫として，「有意味受容学習」「発見学習」「仮説実験授業」の3つを取り上げます。教科書の記述のボリュームもほぼ等しく，3つを並行的に理解する教材ですので，ジグソー法の形を経験させるのに適切な内容なのです。

　大学生も集中して個人思考をし，楽しそうに伝え合います。85ページの写真のように，100人規模でも意欲的に参加する姿が見られます。規模が大きいクラスでは座席位置の指示を徹底することがコツです。

4）小学校　俳句の鑑賞

　水谷茂氏による，変則のジグソー法を導入した国語実践を最後に紹介します。課題は俳句が描く情景を自分のことばで表し伝えること，別の俳句については仲間の解説を聞き，個人としての情景理解をより深めることです。

　本時の課題を子どもに伝えた後，情景を思い浮かべてことばで表すとはどういうことか，教師がモデルを示します。これによって，子どもはどんな形の表現が求められているか，見当づけができ，活動のめあてができます。

　クラスには4つの俳句が示されます。4人グループを編成し，メンバーはそれぞれ，4つの俳句のうちの1つを担当します。どの俳句を担当したかがわかる目印（ワッペン）を各自につけさせます。

　まず，個人思考で，自分が担当する俳句の情景をことばで表す取り組みをさせます。次に，通常は専門家集団を組むところですが，水谷氏はここでスクランブルと呼ぶ技法を使いました。

　全員を立たせます。移動しながら自分と同じ俳句を担当した仲間を見つけ，交互に自分の表現を紹介させます。ペアの課題は，相手のよいところを見つけ，そのよさを指摘すると同時に自分が取り入れられるところは「いただき」をする，というものです。「いただき」，要するに，よいと思ったことは自分の意見に取り入れてよいこと，をしっかりと知らせます。ペアの相手を取り換え，3回の交流を行った後，自分のグループにもどり，短時間の個人思考で，はじめに自分の描いた情景に修正を加えさせます。

　その後，グループの中で各自が担当した俳句の情景を紹介し合わせます。紹介する側には読みを深めた自分の鑑賞を伝えて仲間を高めること，聞く側には相手の解説のよさを評価することという課題意識をもたせます。最後に各グループのおすすめの情景説明をクラス全体に向かって発表させます。

【参考文献】
・三宅なほみ・東京大学CoREF・河合塾　編著（2016）『協調学習とは　対話を通して理解を深めるアクティブラーニング型授業』北大路書房

2　LTD 学習法による授業づくり

　LTD は Learning Through Discussion の略で，LTD 話し合い学習法や，LTD 学習法と呼ばれています。LTD は学習者の思考過程に依拠した理想的な読解法であり，対話法です。実践的で汎用性の高い学習方略ともいえます。

　LTD は予習とミーティングで構成されています。予習では，学習教材である課題文を1人で読み解き，予習ノートをつくります。説明文や物語文，随筆や講演原稿など，あらゆるジャンルの文書が課題文になります。ミーティングでは予習ノートを手がかりに4～5人のグループで学び合います。

　LTD の予習とミーティングは同じ構造の LTD 過程プランに沿って進めます。予習では過程プランの step 2～7 に沿って予習ノートを作成します。ミーティングでは予習ノートを手がかりにステップごとに時間を区切って話し合い，課題文の理解を深めます。

　各ステップの目的と方法を理解し，注意事項を守り，主体的かつ能動的に取り組むと，課題文の理解が深まります。同時に，協同による学びの素晴らしさや，効果的な学び方が身につき，仲間と心と力をあわせて学ぶ喜びを実感できます。

　LTD の理論的背景や LTD 過程プランの詳細，具体的な実践方法に関しては安永・須

【表1　LTD 過程プラン（ミーティング用）】

段階	ステップ	活動内容	配分時間
導入	step 1	雰囲気づくり	3分
理解	step 2	言葉の理解	3分
	step 3	主張の理解	6分
	step 4	話題の理解	12分
関連づけ	step 5	知識との関連づけ	15分
	step 6	自己との関連づけ	12分
評価	step 7	課題文の評価	3分
	step 8	振り返り	6分
		（合計60分）	

藤（2014）をご覧ください。

なお，もともと大学生を対象に開発されたLTDは，LTD過程プランの説明を事前に行い，予習を授業時間外に，60分間のミーティングを授業時間内に行うように計画されています。これを「標準型LTD」と呼んでいます。

（1） 授業への導入法

　LTD最大の特徴は予習を前提としている点です。予習なしのミーティングは，たとえ過程プランに沿っていてもLTDとはいえません。したがって，授業にLTDを導入する際，予習を確実に行わせる工夫が必要となります。

　大学の授業にLTDを導入する場合は，上記の標準型LTDを用いることができます。まず，授業中にLTDについて説明します。そして，授業時間外に予習ノートを準備させ，授業時間内に予習ノートを手がかりにミーティングを行います。大学の授業は一般的に90分ですので，60分のLTDミーティングでも十分に導入できます。

　ただし，授業時間外に予習時間を確保できない場合があります。また，予習時間は確保できても，学習者の能力や諸般の事情から予習が期待できないことがあります。そのような場合は，授業時間内に予習とミーティングを行うという工夫がなされています。これを「分割型LTD」といいます。

　分割型LTDは，LTD過程プランのステップごと，またはいくつかのステップをまとめて予習とミーティングを行います。具体的には，授業時間内に予習の方法を説明し，予習をさせます。その予習を前提として，授業時間内にミーティングの方法を説明し，実際にミーティングを行います。この分割型LTDであれば，LTDの基本原理を損なわず，授業時間が45分や50分の小学校・中学校・高校の授業でもLTDを導入・実践できます。また，LTDは複雑な学習方略ですが，過程プランを分割することにより，小学校高学年の子どもでも実践でき，成果をあげています（須藤・安永, 2010, 2011, 2014）。

（2）LTDの効果を高める態度とスキル

　LTDに期待される効果を得るためには，LTD過程プランに沿って予習ノートをつくることができるだけの読解力が求められます。また，決められた時間内に，各ステップで求められている目的を，仲間と協力して達成できるだけの対話力が必要になります。これらの能力が備わっていなければ，LTDに期待される成果を得ることはできません。もし，LTDに求められる読解力や対話力が不足しているのであれば，LTDを導入する際に，これらの能力も一緒に育てる必要があります。

　その際，仲間と心と力をあわせて真剣に学び合うことは素晴らしいという気持ち，つまり「協同の精神」を育て，その気持ちを具体的な行為に表すように指導することが大切です。中でも「傾聴」はもっとも大切な話し合いの基本スキルです。仲間の話を聞くときに，体を仲間に向け，仲間の顔を見て，頷きながら真剣に聞くという行為は，すべての話し合いの基本です。LTDを授業に導入する際，機会があるたびに，協同の精神と傾聴の重要性をくり返し説明し，実行を促すことが大切になります。

　また，協同学習の基本技法であるラウンド＝ロビンの習得もLTDミーティングの質を高めます。ラウンド＝ロビンでは，与えられた課題について，まずは自分1人で考え，そのうえで仲間との意見交換を通して理解を深めます。その際，参加者全員が，ほぼ同じ回数，ほぼ同じ時間，話すことが求められます。1人が話し続けることはよくありません。話す人と聞く人が固定化されることもよくありません。仲間全員が話し合いに参加し，自分にできる貢献を積極的に行うことにより，LTDに期待される効果を得ることができます。

（3） LTDの効果

　LTDを授業に導入すると認知と態度の同時学習が期待できます。認知面としては，導入した授業科目の成績が伸びます。学力の高低にかかわらず，すべての学習者が大きな恩恵を受けます。基礎基本の理解が促進されるだけではなく，基礎基本を実生活で生かす力（活用力や応用力）が育ちます。態度面としては，「協同の精神」が醸成され，仲間との学び合いを好むようになります。学習に対する動機づけが高まり，ともに学ぶ仲間を大切に思うようになります。

　注目したいのは，授業に標準型LTDを導入すると授業時間外の学習時間が大幅に増える点です。課題文の分量や内容にもよりますが，A4判用紙3〜4枚程度の課題文でも，予習ノートを作成するために，大学生は平均4時間程度かけていることが知られています。LTDは自学自習の基礎力育成にも役立ちます。

（4） LTD話し合い学習法の実践例

　ここではLTDを高校（鳥取湖陵高等学校）の国語科で導入した実践例を紹介します。この学校は総合選択制の高校で，生徒は所属学科の科目を中心に，他学科の科目も選択して学ぶことができます。

　授業者は国語科の岡田範子（共著者，教師歴28年）です。彼女は日本協同教育学会主催の大会や研修会でLTDと出会い，LTDの有効性を確信し，授業に導入しました。対象科目は，2年生対象の選択科目「現代国語研究」でした。この科目はさまざまなジャンルの作品を深く読解することを目的としています。この科目の授業時数は56時間で，週1回2時間連続の授業でした（全体で26回，テストを除く）。実施時期は2015年4月から2016年2月で，この間，14作品（課題文）をLTDで読むことができました。この14作品は

すべて『テーマ別現代文ウィニングクリア2』（尚文出版）から採用しました。

授業に参加したのは人間環境科11名と電子機械科1名の計12名の女子生徒でした。彼女らの学力には大きな個人差がありましたが，全員，保育や看護などの大学への進学を希望していました。

1）1学期の展開：分割型LTDによる導入段階

授業がはじまった4月から分割型LTDを導入しました。グループは，人間関係や学力などを考慮して異質性の高い4人グループを3つつくりました。途中，5回目（5月29日）の授業で，話し合いを活発にする目的からグループを再編しました。その後は生徒たちの強い希望により再編は行いませんでした。

分割型LTDによる学び方を理解するまでに時間がかかりましたが，2つの作品（課題文）を用いながら，ゆっくりとしたペースで授業を進めました。具体的には，ステップごとに活動内容を確認したうえで，個人で予習し，グループで話し合い，クラス全体で意見交換するという方法をとりました。6回目（6月4日）の授業では3つ目の作品を取り上げましたが，この授業ではじめてstep 5～8を1回の授業で終えることができました。この頃になると，LTDや話し合いにも少しずつ慣れてきて，自分のことばで伝えようとするようすが見られるようになり，ミーティングに前向きにかかわろうとする生徒が多くなりました。

2）2学期の展開：研究授業を中心に

【研究授業の準備】2学期のはじめ頃，生徒たちはLTDによる学び方に随分と慣れ，グループ活動に対する抵抗感は少なくなっていました。また，根拠にもとづき，自分のことばで伝えようと努力していました。ただ，予習の必要性は理解できても予習内容には大きな個人差がありました。生徒の負担や授業進度などを考え，通常の授業では引き続き，授業中に予習を行う分割

型LTDを取り入れていました。また，知識量の少なさや，物事を関連づけることに慣れていないため，step5では，関連づけの対象となりやすい中学校や高校での学習内容を参考資料として例示していました。

研究授業で用いる課題文を生徒たちに選ばせたところ『テーマ別現代文ウィニングクリア2』（尚文出版）収録の「豊かな社会とは」になりました。

予習の一環として，予習ノートを作成させる前に，課題文の内容理解を深めることを目的に，10回目（9月3日）の授業で「マップづくり」に挑戦しました。課題文の内容を，まず個人で考え，次にグループで検討し，最後に完成したマップを模造紙に書かせました。完成したマップの一例を右に示します。生徒はマップづくりに生き生きと取り組んでいました。マップを作成することで課題文の理解が深まりました。

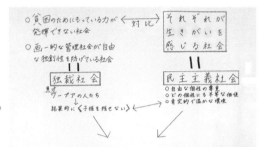

【作成されたマップの一例】

なお，研究授業ではLTD過程プラン8ステップのミーティングを連続して行う計画を立てたので，生徒たちには事前に予習ノートの作成を宿題としました。その際，step5「知識との関連づけ」に活用できる資料として，現代社会のプリント（東京書籍），「ひたむきに生きて：弱者に席を譲る社会に」（毎日新聞2015年10月1日），「働く女は敵ばかり」（『錬成現代文』尚文出版）を配付しました。

【研究授業当日】14回目（10月21日）の授業が研究授業となりました。マップづくりの成果もあり，3グループ12人全員が，概ね予習ができた状態で参加できましたので，予定通り，LTD過程プラン8ステップのミーティングを連続して行うことにしました。授業の流れを表2に示しています。授業時間の制約がありましたので，各ステップの時間を短縮して50分で終わるように設計しました。ただし，LTD過程プランの移行をスムーズにするために，

各ステップのはじめに，教師がステップの目的や注意事項を簡単に説明しました。また，ステップが終わるごとに，話し合った内容を各グループが発表し，理解の共有を図りました。なお，時間の関係で step 7 は省略しました。

生徒たちは大勢の教員が見守る中，緊張することなく取り組んでくれました。約1か月ぶりのミーティングでしたが，全員，自分のことばで話そうとしていました。step 6「自己との関連づけ」について，自分の体験を語る中で仲間同士が深く共感できていたグループもありました。

【表2　研究授業の展開：短縮型LTDの流れ】

段階	学習活動	指導上の留意点と援助及び評価	時間
開始	・目標の確認。	・短縮型LTDで課題文を深く読み解くことを明示する。 ・4人グループ×3班。	2分
導入	Step 1：心身の状態と，予習を確認する。	・傾聴とミラーリング，秘守の確認。	2分
理解	Step 2：ことばの意味を正しく理解する。	・司会進行と時計係を指示。 ・step 7 までの司会，時計，発表，記録の係を決める。	3分
理解	Step 3：自分のことばで主張を述べる。	・各班のマップ（模造紙）を掲示しておく。 ・机間巡視，観察。 ・グループの話し合いを発表し，全体で共有する（step 8 まで同様に）。	8分
理解	Step 4：自分のことばで言い換える。	・筆者の主張を支持する話題を1つか2つ話し合う。 ☆評価：筆者の主張を理解できたか。	8分
関連づけ	Step 5：関連づけを各自紹介する。 　　　　その適切性や妥当性を話し合う。	・step 6 までは課題文の批判，評価を禁止。 ☆評価：多様な視点から課題文の内容を吟味して理解を深めることができたか。	10分
関連づけ	Step 6：自己との関連づけを紹介する。	・課題文の内容を手がかりに，現在と過去の自分を振り返り，これからの自分を考える。 ・常に課題文と関連づける。 ・仲間の関連づけを尊重し，傾聴しているか観察する。 ☆評価：自分を振り返り，自分自身や自分の生活をよりよいものにしようとしているか。	10分
評価	Step 7：課題文を建設的に評価する。	・時間が短いので，できるだけ中心的な点を評価する。 ・個人攻撃はしない。	3分
評価	Step 8：望ましい集団をつくるために話し合う。	☆評価：ミーティングに積極的にかかわり，課題文を学習前より深く理解することができたか。	4分

【研究授業後】翌日（10月22日），15回目の授業があり，前日の研究授業でやり残したstep 7 を実施しました。

その後，前日の研究授業について生徒たちと意見交換しました。その結果，予習は普段より一生懸命やっていたようで，全部できていた生徒が6人，残りの6人は全部ではないけれどほとんどやっていたことがわかりました。また，予習の際，step 5「知識との関連づけ」では，準備した資料のうち，現代社会のプリント（東京書籍）を6人が，「ひたむきに生きて：弱者に席を譲る社会に」（毎日新聞2015年10月1日）を4人が，「働く女は敵ばかり」（『錬成現代文』尚文出版）を1人が使用していました。さらに，step 6で仲間同士が感極まったグループによれば，「自分が対面した人間関係と，助けられたこと」に共感し，涙が自然と出てきたとのことでした。

課題文「豊かな社会とは」をLTDで深く読解することを通して，部活動のことを考え，豊かな社会について考え，今の自分に何ができるのかを深く考えていることが伝わってきました。授業に対する生徒の感想の一部を下にあげておきます。

【研究授業に対する生徒の感想（抜粋）】
・はじめて一気に通したので，時間がたりずみんなの話をまとめるのが難しかった。でも，みんなが予習をしっかりしていたので，いつもよりスムーズに進行できた。今回はホワイトボードを使ったりして，発表が聞きやすく，理解しやすかった。マップをつくることによって，前より課題文の内容を理解しやすくなった。
・私は，今回の研究授業で，とても内容の濃い学習ができたと思います。グループのほとんどの人が予習していたことで，スムーズに意見を言い合うことができ，その意見に対して他の人がつけたしたりしていたことがよかったと思います。また，マップをグループでつくったので，自分だけの考えではなく，グループの他の人の考えをつけたしたことで，より本文の内容を深く理解することができたと思いました。
・今回も難しいところだったけれど，みんなが予習を完璧にしていたからか，話し合いがスムーズにできた。また，発表者がよい発表をできるように，みんなが一生懸命考えて意見を出し合えた。また，これがはじめての授業だったら，ここまでできなかったと思うから，あまり実感はないけれど，私たちも成長というかLTDの力が多少ついたのではないかと思った。

3）実践者の感想と提言

研究授業の後，2月中旬まで授業が続き，最後の授業で14作品目の課題文をLTDで読みました。最後の授業に至るまでに，予習も定着し，マップに

も楽しそうに取り組んでいました。テーマによっては課題理解に苦戦を強いられることもありました。step 5「知識との関連づけ」では，こちらから資料を出したり，指示が必要だったりしましたが，LTDにより読解力と対話力を着実に獲得できたと考えています。

今回の実践を通して，LTD話し合い学習法を基盤とした授業づくりが高校でも可能であり，大きな効果が期待できることが実証されました。今後，国語科以外の授業でもLTDを活用した授業づくりを展開することにより，その有効性をさらに検討する必要があります。これらを通して，高校全体のカリキュラムの中にLTDを基盤とした授業をどのように取り入れるのか，これからの検討が必要だと思います。

高校でもアクティブ・ラーニングを取り入れた授業実践が求められています。その1つの選択肢として，LTDの導入をおすすめします。

生徒にどんな力が必要か，どんな仕掛けをすると目標を達成しやすいか，授業者のアンテナを高くして考えていくとおのずと道が開けると思います。生徒との信頼関係が築けていれば，生徒は応えてくれます。何をしたいか，生徒に聞くこともいいでしょう。試行錯誤を恐れずやってみてはいかがでしょうか。LTD話し合い学習法の実践者が1人でも増えることを期待しています。

【参考文献】
・須藤文・安永悟　著（2010）「PISA型読解力を育成するLTD話し合い学習法の実践―小学校5年生国語科への適用―」『協同と教育』，6，122-124.
・須藤文・安永悟　著（2011）「読解リテラシーを育成するLTD話し合い学習法の実践―小学校5年生国語科への適用―」『教育心理学研究』，59，474-487.
・須藤文・安永悟　著（2014）「LTD話し合い学習法を活用した授業づくり―看護学生を対象とした言語技術教育」『初年次教育学会誌』，6，1，78-85.
・安永悟・須藤文　著（2014）『LTD話し合い学習法』ナカニシヤ出版

3 看図アプローチによる授業づくり

（1）看図アプローチとPISA型学力

　看図アプローチはアクティブ・ラーニングを引き出す授業づくりの方法です。看図アプローチのもっとも大きな特徴は、ビジュアルテキストの読解を授業の中に取り入れていることにあります。ビジュアルテキストとは、絵図・写真・動画・グラフなどのことです。ビジュアルテキストはPISAの非連続型テキストに相当します。ですから、看図アプローチはPISA型学力の育成にも貢献できる授業づくりの方法なのです。

（2）「ビジュアルテキストを読む」ということ

　従来、ビジュアルテキストは「見るもの」と考えられてきました。看図アプローチではビジュアルテキストを「読むもの」として位置づけています。では、「ビジュアルテキストを読む」とは、どのような活動なのでしょうか。看図アプローチでは、ビジュアルテキストを読むための活動として、次の3つを考えています（鹿内、2015参照）。

> ①変換―ビジュアルテキスト中に描かれている（あるいは写っている）諸要素を言語化する活動。
> ②要素関連づけ―ビジュアルテキストを構成している諸要素を相互に関連づける活動。
> ③外挿―ビジュアルテキスト中に表現されている内容を超えて、展開について推量したり結果を予測したりすることにより、発展的に

> 考えていく活動。

　これは少し抽象的な説明です。もっとわかりやすくするため，図1をビジュアルテキストにして，具体的に解説していきます。

（3）ビジュアルテキスト　読み方の作法

　看図アプローチでは，学習者にビジュアルテキストを「よく見て」もらいます。絵図や写真などを「よく見て」ほしいときに，多くの先生方は「絵を（または写真を）よく見てください」と指示します。しかし，残念なことに，この指示はほとんど効果がありません。なぜなら，学習者たちは「絵や写真をよく見る」というのは，どうすることなのかを知らないからです。これは，学習者が小学生であっても大学生であっても変わりません。そこで看図アプローチでは，指示や発問によって学習者の「よく見る」活動を引き出していきます。

【図1】

　図1をよく見てもらうために，看図アプローチが採用している最初の指示は次のようなものです。「この絵に描かれている『もの』を4個書き出してください」。この指示を出すと「ふろしき・はこ・手・服」などの答が返ってきます。この指示で，絵図に描かれている視覚的な要素を「ふろしき」や「はこ」などの言語的記号に「変換」する活動を行ってもらっているのです。今回は「『もの』を4個」と指示しましたが，「3個」でもかまいません。複雑な絵図の場合は「10個」と指示することもあります。

　次は，ビジュアルテキストをよく見てもらうための第2の指示です。「こ

の絵に描かれている『こと』を2個書き出してください」。この指示中にある「2個」ということばは入れても入れなくてもかまいません。この指示をすると，次のような，(a)(b)2つのタイプの反応が出てきます。
(a)ふろしきの中にはこが入っている。
(b)ふろしきを開いている。

　(a)と(b)は，性質が全く異なる2種類の「こと」を表現しています。(a)は，絵図に描かれている「事実」を表現しています。これは，絵図に描かれている「ふろしき」という要素と「はこ」という要素の関連の仕方を説明した文になっています。絵図の，このような読み方が「要素関連づけ」になります。

　一方，(b)には，この絵図を読み解く人の判断が入り込んでいます。なぜなら，図1では「ふろしきで包んでいる場面だ」という判断も成り立つからです。「ふろしきを開いている」という読み解きも「ふろしきで包んでいる」という読み解きも間違いではありません。どちらも，絵図に描かれていることを超えて発展的に考えて見つけ出した読み解きなのです。このような読み解き方を「外挿」と呼びます。

（4）根拠のある想像を広げる

　図1は，想像をふくらませることによって，さらに読み解きを深めることができます。もし図1が，ふろしきを開いているところだとしたら，この絵に描かれている人の次の行動まで読み解けてきます。おそらくこの人は，もう1つの結び目もほどいていくでしょう。さらに「そして，それから」の展開も想像していくことができます。図1はふろしきで包んでいるところだ，という仮説を立てると，その仮説に沿った読み解きが可能になります。図1に描かれている人は，次に，両手でつまんでいる部分を結び合わせていくことでしょう。上にあげた2つの読み解きは，いずれも，決して「妄想」ではありません。根拠のある「合理的な想像」になっています。

（5）看図アプローチのレパートリーとしての看図作文

　変換や要素関連づけによって絵図から読みとった「もの」と「こと」。そして，合理的な想像によって発展させた「こと」。これらの情報は，作文を書くときの材料になります。絵図（ビジュアルテキスト）を読み解いて，読み解いた結果を作文にまとめて発信する方法が「看図作文」です。現在，看図作文は，看図アプローチのレパートリーの1つになっています。

　図1は，ビジュアルテキストを読み解くときの情報処理の仕方を説明するために作成したシンプルな絵図です。看図作文には，もう少し複雑な絵図を用います。今回紹介するのは，私たちが「ネギ」と呼んでいる図2です。

　看図作文では複数の絵図を使うこともありますが，ここでは1枚だけ使った例を見ていきます。なお，私たちは看図作文用の絵図をたくさん開発しています。看図作文の授業をしてみたいと思われる先生方はそれを自由に利用することができます。鹿内（2010，2014）に載せてある絵図もご活用ください。

【図2】

（6）看図作文の基本発問と絵図の条件

　看図作文を書いてもらうときの基本発問も次の2つです。「どんなものが描かれていますか」「どんなことが描かれていますか」これらの問題を協同

で話し合っていくだけで，作文を書くための取材と構成ができ上がってしまいます。取材と構成の同時指導ができてしまう，ということも看図作文の長所です。

　最初，子どもたちは，絵図に描かれていることのすべてを読み解けません。しかし，自分たちの読み解きを話し合わせると，自分では読み解けていなかったことを，仲間の発言によって気づかされるということが頻繁に起こってきます。また，仲間の発言がきっかけになって，絵図の新しい読み解きが生まれてきます。このため，絵図を協同で読み解く時間は，とても活気にあふれた，学び合いと助け合いがある充実したものになります。

　看図作文を書いてもらうための基本発問は2つだけです。しかし，いつも同じ発問だけをしていたら飽きられてしまいます。また，学習者にはバリエーションのある作文を書いてもらいたいという願いもあります。そのため，看図作文授業を行うための発問にもさまざまなバリエーションを考えてあります。発問のバリエーションについては，鹿内（2010，2014）を参照してください。

　前述しましたが，鹿内（2010，2014）には，私たちが開発してきたさまざまな看図作文用絵図も載せてあります。絵図であれば，それがどのようなものでも看図作文が書けるわけではありません。看図作文授業を行うためには，読み解きが可能な絵図を用意する必要があります。読み解きができる絵図は，「あいまいさ」や「対立」などの特徴を備えていなければなりません。これは，優れた文学作品が，作品中に書き込まれたあいまいさや対立などによって読む人をひきつけるのと同じ原理です。本稿であげた絵図では，図1が「あいまいさ」が際立つように作成したものです。図2では，1本のネギをめぐる「対立」を表現してあります。

（7）看図作文もアクティブ・ラーニング

　図2をもとに子どもが書いてくれた作文を1つだけ紹介しておきます。授

業をしてくれたのは，森寛先生。生徒は中学校2年生です。森先生はいつも400字で作文を書かせています。そのため，紹介する作文も400字作文です。

「スーパーマーケットの戦い」

　ある日，私がスーパーマーケットに行ったときのことです。私はとても面白い場面にでくわしました。
　あれは野菜売り場でした。1人の小学生くらいの男の子と，50代くらいのおばさんが対じしていました。2人の間には1本のネギ。値札には「広告の品，大安売」とあります。
　男の子は素早い動作でネギに手を伸ばしました。しかし，おばさんはなめらかな動きで男の子の手をはたき，手を返してネギを自分の方へ倒しました。しかし，決め手にはならず，決着はつきません。
　おばさんが口を開きました。「じゃんけんで決めましょう」男の子は間髪をいれずに「じゃんけんぽん」と叫びました。「最初はグー」とばかり思っていたおばさんはグーを出してしまい，男の子はパーを出し，勝ちました。
　大人と子どもの真剣勝負。子どもも，あなどれませんね。

【「ネギ」の看図作文例】

　この作文中の「男の子」「おばさん」「ネギ」などの情報は，変換によって取り出されたものです。「男の子と，50代くらいのおばさんが対じ」は，要素関連づけによって取り出されたものです。他の部分のほとんどは，外挿（合理的な想像）によって収集された情報です。
　看図作文の授業をすると，クラスの誰もがこのレベルの作文を書いてくれます。しかも，自分から進んでどんどん書いていってくれます。看図作文は，「書くことがない」「どう書いていいかわからない」といわせることがない指導方法です。看図作文は，作文のアクティブ・ラーニングを成立させる効果

的な指導法なのです。

（8）看図アプローチへの発展

　看図作文の授業づくり研究で明らかにされてきたノウハウを，さまざまな教科教育や教育領域に活用していくことを「看図アプローチ」と呼んでいます。看図アプローチは，多用な活用方法が考えられています（鹿内，2015参照）。看護教育や聴覚障害児教育などでも活用研究が進んでいます。もちろん，各教科の授業でも実践が積み重ねられています。ここでは，佐田明菜先生の「国語総合」と中尾慎也先生の「地理」の授業を紹介しておきます。どちらも高校の授業です。佐田先生は図3の，中尾先生は図4のビジュアルテキストを使いました。

【図3】

【図4】

　まず，佐田先生の授業から紹介していきます。佐田先生は，図3の絵図を用いて「ふつうの看図作文」から国語総合の授業をはじめました。ただ，今回は作文の授業ではないので，図3から推測される物語を書くことはさせず，口頭で発表させました。各グループから，面白い物語がたくさん出されました。たとえば次のような物語です。「ある男が火遊びをして髪の毛が燃えつきたので，頭に毛がほしいと思って犬の毛をむしりとろうとして，犬の方が力が強いので川につき落とされました。（それを）2人の男に見られるのが恥ずかしくて，背泳ぎして家に帰りました」

子どもたちには,「図3は,これから読んでもらう物語の内容である」ことはあらかじめ伝えられています。ですから,子どもたちは図3を読み解き,各自の物語を創り終えると,本当はどんな話なのか知りたくなります。そのタイミングを見はからって佐田先生が開かせたのは『徒然草』でした。子どもたちは,図3の内容であるという,『徒然草』の「奥山に猫またといふものありて」を夢中になって読んでいました。図3は,そのページに挿入されている「奈良絵本『徒然草』」の絵図を佐田先生が自己流で描きなおしたものです。

　中尾先生は図4に写っているビジュアルテキストを読み解かせ,それぞれの写真が温帯気候区分であるCw・Cs・Cfa・Cfbのどれに当てはまるかを考えさせていました。

　佐田先生は看図アプローチの授業の後,次のような感想を述べていました。「古典に興味をもたせるということに関して,看図アプローチは非常に有効だ。授業をしている私自身も非常に楽しい。笑顔の子どもと一緒に古典の授業をすることができる日がくることを想像していなかった」。中尾先生は次のようなことを考えて,地理の授業づくりに日々励んでいます。「『看図アプローチ』を取り入れた授業準備は楽しくて仕方がない」

　看図アプローチは子どもだけではなく教師もアクティブにしてくれるのです。

【参考文献】
・鹿内信善　編著（2010）『看図作文指導要領―「みる」ことを「書く」ことにつなげるレッスン―』渓水社
・鹿内信善　編著（2014）『見ることを楽しみ書くことを喜ぶ協同学習の新しいかたち　看図作文レパートリー』ナカニシヤ出版
・鹿内信善　著（2015）『改訂増補　協同学習ツールのつくり方いかし方―看図アプローチで育てる学びの力―』ナカニシヤ出版

4 マインドマップを活用した授業づくり

(1) 理論編

1) マインドマップとは

　教育やビジネスの分野で活用されるマインドマップ（MindMap[※1]）は英国のトニー・ブザンが提唱した思考の表現方法です。思考の中心（セントラル・イメージ）となるテーマやトピックをキーワードやイメージ（絵）で紙の中央に置き，そこから放射状に枝分かれさせながら，関連するキーワードやイメージを連想的につなげつつ，広げていきます（図1）。セントラル・イメージから直接伸びる太い枝（線）をメイン・ブランチ，その意味を表すことばを基本アイデア，その先に伸びる枝をサブ・ブランチと呼びます。

　マインドマップには，色を使ってカラフルかつ美的に表現する本格的な「フルマップ」と，単色でメモがわりにかく「ミニマップ」の2種類があり

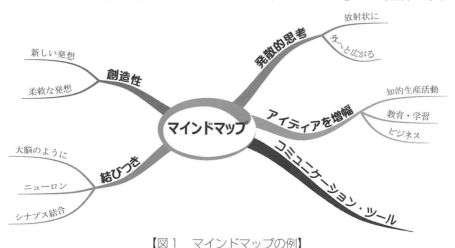

【図1　マインドマップの例】

ますが，マインドマップは基本的に，放射状，もしくは木（ツリー）構造として表現されることから，発散的な思考を表現することに向くとされます。いわゆるフィンランド・メソッドにおける「カルタ」（Ajatus Kartta）も，マインドマップの１種ですが，美的な表現は求めていません。

2）コンセプトマップ

マインドマップは抽象的に分類すると，コンセプトマップや意味ネットワーク[※2]の一種であるといえます。理科教育の分野では，ジョセフ・ノバックによるコンセプトマップ（Concept Map）が，子どもの理解状況を診断するための道具や，学習者同士で思考内容を共有するためのメディア，教師が単元の内容を整理するなどのための道具として活用されています。コンセプトマップは意味ネットワークと同様に，ラベル（ノード），リンク（リンキングワード）を用いて命題を表し，全体として，概念（知識）体系を表現します。

3）マインドマップとコンセプトマップの共通点と相違点

マインドマップとコンセプトマップはともに，関連するノード（キーワード，概念，イメージなど）を結びつける表現形式であり，ニューロン（神経細胞）同士の結びつき（シナプス結合）によって構成されたネットワークである脳の仕組みを模しています。上位・下位（親子），並列（兄弟），包含・外延，主・述，類似，何らかの連想など，さまざまな関係を結びつけることができます。

ここで注意したいのは，両者ともこのようにネットワークを構成するため，ノードは端的な表現とし，１つのノードの中には１つのキーワード（概念など）だけを記すことです。それによって重要なことがらが端的に表現されるとともに，それぞれの関連が十分に示され，理解や記憶が促進されるという効果が期待できるのです。

マインドマップは放射状に広がる形式であり，外側に広がるにつれてキー

ワードが下位概念へと細分されていったり，類似や外延のキーワードへと伸びていったりします。このように外側へと広がっていくため，辺縁にあるキーワード同士を結びつけることは（ただし，記号・番号をつける，色で分ける，線で結ぶなどの方策はありますが）表現の形式上，やや難しいかもしれません。そのため，発散的な思考に向いているとされるのです。次節の実践では，思考を広げるツールとしての効果がよく表れています。

一方のコンセプトマップは，命題の集合体であることから，概念体系の表現に向いているといえるでしょう。たとえば，小学校5年生の理科の電磁石に関する学習で，「電圧」「電流」「磁力」「コイルの巻数」「鉄心の太さ」などの諸概念の関係を表すことで，学んだ概念を構造的かつ端的に表現することができます。

また，マインドマップで発散的にアイデアを出した後，それらをコンセプトマップの形式で表現しなおす，といった活動も考えられるでしょう。そのようなかきなおしは紙の上では煩雑ですが，近年は，PCのソフトウェアやタブレット用のアプリが多数開発されており（たとえば図1は，iMindMap 9を利用して作成），かきなおし活動が容易になっています。

（2）マインドマップを活用した学習

1）国語科「宮沢賢治を分析する学習」（小学校6年生）

国語科「やまなし」の学習を深めるために，宮沢賢治のことを深く知ることをねらいにした学習を，マインドマップを活用して行いました。学習者（子ども）のイメージを「刑事」と設定して，徹底的に宮沢賢治について捜査をしようと投げかけ，モチベーションを高めました。捜査のポイントは6つです。
①疑問をもとう
②ことばにこだわろう
③関連づけ，考えをつなげよう

④発言して意見を集めよう
⑤いろいろな角度から考えよう
⑥可視化（見えるように）しよう

　このポイントを考慮しながら，子どもたちは難題の解決に当たりました。この授業は１つの答を求めるのではなく，答なき問いに対して，できるだけたくさんの答を探していく。そして宮沢賢治の輪郭を明らかにして，賢治が表現したかったことを発見していくという，まるで刑事になったかのような授業です。ということは，クラスの全体討論は「捜査会議」となるわけです。考えられることをとにかく出しつくしたところに，答がうっすらと見えてくる。そんな授業をすることで，効果的なアクティブ・ラーニングになりました。

　ただし，何もないところから考えろといっても，小学生には無茶です。どんな資料を提供し，子どもたちの思考をどう耕しておけば，困難な思考にチャレンジしていけるか。授業する教師が支援したのはその部分でした。十分な「捜査のためのヒント」を用意してあげたわけです。その１つが画像のマインドマップです。これは「イーハトーブの夢」という宮沢賢治の生涯を書いた文章を読み，得られた情報や気づいたことを子どもたちから出してもらい，学級全員で話し合いながらマインドマップにする作業をしたもので，これが大きな力を発揮しました。「わからなくなったら，マインドマップ

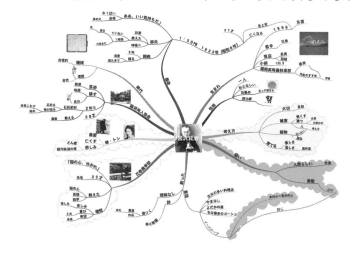

に立ち返り，参考にしましょう。特にクラウドにしてあるところが重要です」。これだけのヒントで，子どもたちは「あ～！　そうだ！」とたくさんのことに気づき，自分なりに意見をまとめていきました。

【子どもの学習後の感想】

　私は，宮沢賢治のことを勉強して，賢治は自分の経験から本を書いているような気がしました。たとえば，妹を亡くしたときに書いた「銀河鉄道の夜」です。私は「やまなし」もそうだと思います。無意味な戦争をしている人々に，「戦争をやめろ」と，ひそかに訴えている気がしました。

　また，賢治の夢であった「人間が人間らしい社会」「すべての生き物の心がたがいに通い合うような世界」というのが当時の人々には伝わらなかったのが残念です。これが伝われば，戦争が短くなったかもしれないと思いました。でも，この夢はまだ叶っていないと思います。なので，この夢が叶うように，私もいろいろなことを考えていきたいと思いました。

2）学級活動「学校教育目標を考える授業」（小学校4年生）

　どの学校にも教育目標があります。学校のめざす子ども像を意識することは，子どもたちの日常に大きな影響を与えます。そこでマインドマップを活用して思考を広げ，教育目標について深める学習を行いました。

①課題把握

　はじめに，学校教育目標の1つである「がんばる子」とは何かということを個人で思考し，その後，全員で意見交流をすることを知る。

②個人思考

　10分間で「がんばる子」に関するメモマインドマップをかきながら，自分の考えを整理する。

③全体交流

　考えたことを発表し，学級マインドマップを作成していく。

④振り返り

　この学習で感じたことを振り返り，短文で書く。

【学級マインドマップ（参照画像）の解説】
　全体交流の結果，まとまった意見を文章化すると以下のようになります。
〈苦手ブランチ〉
　「がんばる子」とは，苦手なことを克服していける子のこと。たとえばテストの問題をくり返し学習し，100点をめざす。100点をとれば，もっとがんばる気持ちになるし，苦手が得意に変わっていくこともある。
〈努力ブランチ〉
　あきらめずに努力し続けることが大事。そうすれば実力もつくし，天才にもなれる。
〈算数ブランチ〉
　算数でがんばることは，かけ算，わり算，たし算など，よく確かめて問題を解くことであり，計算を速くできるようにがんばりたい。
〈勉強ブランチ〉
　理科は植物や虫など，生き物を育てながら観察することをがんばる。社会は歴史や時代をいろいろと知ることをがんばる。国語は漢字をたくさん書いて覚えることや音読，読書をがんばる。勉強は難しいこともあるけれどがんばる。

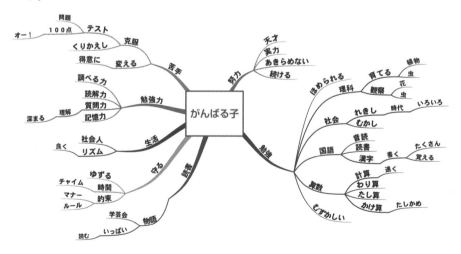

〈読書ブランチ〉
　読書をいっぱいがんばれば，学芸会でもよい演技をすることができる。
〈守るブランチ〉
　チャイムの合図を守ることをがんばる。学校のきまりやマナーを守る。電車やバスで席をゆずるなどする。
〈生活ブランチ〉
　生活リズムを正しくしていく。社会人になったときにそれが役に立つ。
〈勉強力ブランチ〉
　勉強をがんばることで「調べる力」「読解力」「質問力」「記憶力」などがつき，理解力が深まる。

　子どもたちにメモマインドマップで個人思考をさせたうえで学習を進めると，思考の土台があるため，その後の討論では意見が止まらない状態になります。
【子どもたちの学習後の感想】
・自分がんばることがまとめられてよかった。そしてりっぱな社会人になるために，今日のマインドマップにかいてあったことをがんばる。
・「がんばる子」をマインドマップにすることで，「がんばる子」についてよくわかった。マインドマップっていいものだなぁと思った。
・いっぱい考えたから，表現するのが楽しかった。
・今日やってみて，10分ぐらいでこんなに意見が出てすごいと思いました。

3）生活科「フェスティバルをしよう」（小学校2年生）

　小学校2年生は生活科で「フェスティバルをしよう」という授業をすることがあります。これまでお世話になった方々に，自分たちの成長を見てもらい，感謝の気持ちを表すことをねらいにした取り組みです。この企画をするために，子どもたちの意見をできるだけ多く出させるように，マインドマップを活用した授業をしました。

どんな人にお世話になったかということを「クラスマインドマップ」で考えました。すると小学校2年生の子どもたちの意見が全く止まらない状態になったのです。「どんな人にお世話になったかな？」と発問し，教師がマインドマップにかいていくと，子どもたちはすごく楽しそうに意見を出し，発言が止まらなくなりました。さらに話し合っていくうちに，子どもたちの意見が自然と「ありがとう」や「お礼」といった意見に変わっていきました。そして素直に，自分たちはどんな人にも「ありがとう」の気持ちを伝えたいと気づいていきました。

　次の授業では，「今までどんなことが楽しかったのか」を考えさせました。楽しかった記憶を再現していくマインドマップですから，1枚目のお世話になったことに比べて，さらに活発な意見が出ました。話し合いの中で，子どもたちから「楽しかったことにハートマークをつけようよ！」という意見が出てきました。こうしたイメージの力を引き出すことができるのがマインドマップの大きな特性です。この話し合いの最後には，

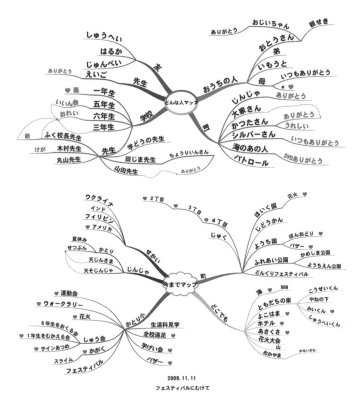

自分たちのフェスティバルは「ありがとうフェスティバル」にしようという意見が出てきました。

素晴らしいネーミングを引き出せたのは，文字だけでないイメージの深まりがあったからでしょう。

【参考文献】
- トニー・ブザン，バリー・ブザン　著，近田美季子　訳（2013）『新版　ザ・マインドマップ　脳の無限の可能性を引き出す技術』ダイヤモンド社
- 福岡敏行　編著（2002）『コンセプトマップ活用ガイド』東洋館出版社
- 北川達夫，フィンランド・メソッド普及会　著（2005）『図解　フィンランド・メソッド入門』経済界
- Ｊ．Ｄ．ノヴァック，Ｄ．Ｂ．ゴーウィン　著，福岡敏行・弓野憲一　監訳（1992）『子どもが学ぶ新しい学習法　概念地図法によるメタ学習』東洋館出版社
- 関田一彦・山﨑めぐみ・上田誠司　著（2016）『授業に生かすマインドマップ　アクティブラーニングを深めるパワフルツール』ナカニシヤ出版

※1　「マインドマップ（Mind Map）」は，英国 ThinkBuzan 社の登録商標です。
※2　アラン・コリンズ（Allan M.Collins）とロス・キリアン（M.Ross Quillian）が提唱したネットワークモデル（1969）が有名です。
　　概念を表す「ノード」と，関係を示す有向（つながりの方向）の「リンク（エッジ）」で表現され，ノード，リンクともに，ことばで表現されます。たとえば，「ペンギンは鳥の一種である」を「ペンギン――一種である→鳥」のように，「ノード―リンク→ノード」の形（3つ組，triple）で1つの命題を表します。
　　このように個々の命題が表現され，共通のノードを集約すれば，1つのネットワーク（有向グラフ）としてマップ化できるので，意味ネットワークは，単純な階層構造ではなく，ネットワーク構造になることが多いとされます。

5 グループ・プロジェクトによる調べ学習の授業づくり

(1) グループ・プロジェクトとその理論的背景

　協同学習は，望ましい人間関係づくりを学習指導それ自体の中で図っていこうとする実践的な方法論です。学習の効果的な達成にとって，信頼にもとづいた仲間との関係は，欠くことのできない要件だからです。協同学習では積極的にグループ活動を行いますが，必ずグループを用いなければならないわけではありませんし，子どもにグループを組ませて活動させさえすれば，協同的な学びになるというわけでもありません。ただ，グループでの活動を適切に計画することによって，子ども一人ひとりが能動的に取り組み，積極的な成果を生み出すことがしばしばあります。Y.シャラン，S.シャラン（2001）による「グループ・プロジェクト」（group investigation）もそうした技法の1つです。

　グループ・プロジェクトは，ジョン・デューイの教育哲学やグループ・ダイナミクスの知見をもとにして，教室での探究活動に子ども同士の相互作用とコミュニケーションを組み込んだ，協同的な学習方略です。デューイは，学校が将来の生き方からかけ離れた抽象的な教科を学習する場所であってはならず，子どもの生活と結びついた具体的な課題を通して学ぶ機会がなければならないと考えました。そして，子どもは自分たちの学習の道筋を計画することにもかかわりをもつべきであり，彼らの発達段階にふさわしい仕方で責任を与えることで，自分自身の学習や社会生活に対する責務の感覚を育むことができると主張したのです。

　グループ・ダイナミクスの創始者とされるクルト・レヴィンも，こうしたデューイの問題意識と共通する考え方をもち，集団社会心理学の観点から民

主主義的な環境を保障する要因について研究を行いました。これらの思想・理論を基盤としたグループ・プロジェクトは，子どもがクラスの仲間と協力して問題を見つけ，解決方法を工夫してその課題に取り組み，関連する情報を収集し，協同してレポートを作成し発表する，といった手順によって進められます。こうしたプロジェクトを組織化したり，調整したりするのが教師の役割で，子どもたちの取り組みの推進役として活動を援助するのです。

　グループ・プロジェクトの計画・実行は一般的に，次のような6つの段階を経て進められます（125ページの表参照）。

段階1：教師は学級全体に幅広い内容の共通テーマを提示するとともに，そのテーマへの興味をかき立て，子どもの探究心を喚起するような導入を図ります。子どもそれぞれに，その共通テーマのもとで「何を知りたいか，どんなことに取り組みたいか」を尋ね，それによってグループを編成します。

段階2：各グループは，取り組むサブテーマごとにプロジェクトの計画を立案します。サブテーマのどんな側面について調べるのか，プロジェクトをどう進めるのか，必要な情報源はどのようなものかといった方向づけを行います。また，メンバー全員がプロジェクトの達成に貢献するように，役割責任を確認し分担を決めます。

段階3：グループで立てた計画を実行に移します。ここがグループ・プロジェクトでもっとも時間を要する段階ですが，それぞれの時限では，その日に何をすべきか，各メンバーの役割責任を確認するとともに，活動で達成されたことと残された課題についてきちんと共有しながら進めます。

段階4：自分たちが探究の過程で得た知見をどのように発表するか，明らかになったことがらのうち何がもっとも重要な側面か，どれが聴衆の関心をひくかについて議論して，発表の内容や方法，手順を決めます。

段階5：各グループは，クラスの仲間に自分たちの探究結果を披露するための準備を行い，スケジュールに沿って発表します。発表会にはクラスの子どもだけでなく，場合によっては他のクラスや学年の子ども，保護者，テーマについての関係者や取り組みの過程でお世話になった人たちを招待すること

もあります。

段階6：グループでの探究の過程やプロジェクトの成果について，教師と子どもで評価を行います。ここではたとえば，発表会の際に発表した内容やプレゼンテーションの見事さ，質問に対する受け答えについて，相互評価する機会をつくることもできるでしょう。

（2）プロジェクトを設計する

　それでは，どのように単元指導案を構成するのか，中学～高校生対象の英語科を例に，具体的な手順を考えてみましょう。大切なのは子どもたちにとってできるだけリアルで，彼らの主体的な取り組みを促すような課題を設定することです。単元のタイトルは『あなたもソングライター！—英語の訳詞に挑戦する』としました。日本のポピュラー音楽には素晴らしい曲がたくさんあり，そうした日本の楽曲を気に入ってくれる人は世界にもたくさんいるに違いありません。それを自分たちの手で世界に紹介しよう，というのが学習課題です。

段階1：第1時では「英詩は難しくない」ということを一斉指導で学びます。準備するのは，非常に簡単な構文の英詩からなる課題曲（たとえば，John Lennonの「LOVE」のような曲）を1～2曲と，人数分のその歌詞のプリントです。詩（とくに歌詞）は一般的な散文と異なり，意味内容を論理的・客観的に記述しなくてもかまわないこと，場合によっては文法に適っていなくてもよいことを理解させます。むしろ詩の場合は，表現が簡潔で多様な読解が許容されるとともに，さまざまなイメージを広げてくれるものの方が好ましいことを説明します。

　第2時では，訳詞が原詩の意味を忠実に伝えるものとは限らないことを理解するために，実際に英語バージョンのある日本の楽曲を聴いてもらいます。したがって，用意する曲は日本語の原詩と英詩の意味上のずれがさまざまであることが望ましいということになります。こうして，原詩との距離がどれ

だけ離れていても「詩的世界を共有」していればよいことを示します。配付資料としては原詩と英詩の対訳のプリントを準備します。たとえば，「上を向いて歩こう（SUKIYAKI）」（坂本九），「TSUNAMI」（サザンオールスターズ），「LOVE LOVE LOVE」（DREAMS COME TRUE），「クリスマス・イブ」（山下達郎），「キューティーハニー」（倖田來未）などには日本語と英語の両バージョンがあります。そして，授業の終わりに「英訳をつけたい私の1曲」のCDを次の授業までに用意してくることを宿題として課します。もし子どもから十分な数の曲が出てこない場合に提案できるよう，教師も2〜3曲準備しておくとよいでしょう。

　第3時では，もち寄った曲を紹介するとともに，話し合いによってどの曲の訳詞に取り組みたいかを選んでグループをつくります。また，今後のグループでの活動のために司会や記録といった係を決め，メンバー全員の役割責任を明確にします。また，グループのアイデンティティ形成のために，「もしこの曲が世界的にヒットした場合には著作権が発生することになるので，グループごとにペンネームや印税の配分方法を決めておく」よう促します。

段階2：ここではグループによる探究計画を立てさせます。手順としては，①英語のタイトルと歌詞のコンセプトの決定，②サビの部分のフレーズを考える，③歌詞として使うことができるさまざまな英語表現などの情報収集，④1番から順に訳詞にとりかかる，⑤全体の詩の流れを調整する，のようになるかもしれません。教師は「インターネット上や自宅のCDなどで適当な英語表現を探す」よう指示するとともに，図書館で利用可能な英詩集などを紹介します。

段階3：ここからはそれぞれのグループに分かれて活動することになりますが，教師はALTなどネイティブの教師の協力を仰ぎながら，英語表現が適切かどうかの相談に乗ります。

段階4：各グループで完成させた英詩による「新曲プレミア発表会」の計画を立てます。ユニゾンで歌うかコーラスにするか，ふりつけはどうするか，衣装をどのようにするか，などをグループで考えます。招待状を用意して，

発表会に音楽の先生や他のクラスの子どもたちを招くといいでしょう。教師は発表会のために，グループ，メンバー名とともにそれぞれの曲の対訳を印刷した冊子を作成します。

段階5・6：発表会を開催して，子どもたちや参観者に，どの曲が素晴らしいかを評価してもらいます。たとえば，①ファンタスティック賞（発表が素晴らしかった），②エクセレント賞（魅力的な歌詞だった），③ウェルダン賞（チームワークが抜群だった）を設けて，子どもには賞ごとにもち点3点を与えて相互評価をします。子どもたちは自分のグループ以外の発表に対して投票しますが，3点をどのように分配して与えてもかまいません。教師は3賞に選ばれたグループへの表彰状を用意します。

この単元指導案は，グループ・プロジェクトを理解してもらうための例として立てたものですが，「英語で表現することの楽しさを味わう」という指導目標を設定して，中学校3年生と高校3年生のクラスで実施したところ，子どもたちにはとても好評でした。

（3）グループ・プロジェクトの効果

それでは，グループ・プロジェクトを用いた授業がどのような面で効果的なのかを分析した実践研究を紹介しましょう。

牧野（2010，2011）は，大学の看護系学部の授業でグループ・プロジェクトを行い，その効果について検討しています。成人急性期看護学の授業では，生命に危険がせまっている成人期の傷病者を対象とした，専門的な知識に裏打ちされた緊急時の実践能力を習得することがめざされています。救急医療を学ぶ学生には，緊急の処置を要請される場面で適切に対処できることが求められるわけですが，学生がこうした対応を臨地実習で学習する機会はほとんどないのが実情です。したがって，これまでは一斉学習での一方的な知識伝達による授業が行われてきましたが，学生自身が主体的に救急救命処置を学ぶ機会としてこの指導案が組み立てられました。

グループ・プロジェクトでは「緊急時の看護対応マニュアルをつくる」というテーマを提示し，プレホスピタルケアに関心を抱かせるようなビデオを視聴したうえで，外傷，熱傷，骨折，脳血管障害，心筋梗塞の中から各自が緊急対応に関心のある領域を選択させ，対象とする疾病ごとにグループを編成しました。各グループに求められたのは，傷病者の障害レベルや具体的な状況設定を考えて，対象に合った緊急時の対応を考えることでした。マニュアルは参照する人の誰もが迷わず対処できるようＡ３判用紙１枚にわかりやすくまとめて，それをもとに成果を紹介する発表会が開催されました。また，それぞれのグループには，調べた内容から看護師国家試験の出題形式に準じた試験問題を一題ずつ作成させ，これによって定期試験を実施したのです。
　その結果，教科内容の知識習得については，これまでの講義形式の一斉指導と同等の成績を示していました。他方，意識・態度的側面の変化については，①グループによる協同作業を肯定的に認識し，②自己教育力，自尊感情，自己効力感にかかわる尺度得点が有意に上昇する，などの結果が得られました。
　また，江利川（2012）は，大学のキャリア教育へのグループ・プロジェクトの応用を試みています。従来のキャリア教育では，望ましい職業観や勤労観，職業に関する知識や技能とは何かを解説し，自己理解の機会をつくるとともに，能動的に進路選択をするように説く，といった授業がしばしば行われてきました。しかしながら，主体的な進路選択を求めるためには，学生たちが自らの進路について積極的に考えざるを得ないような課題状況を設定しなければなりません。そこでとった手法は「もしあなたが希望する会社の新卒採用担当者だったら，どのような能力をもった人をどのような手順・方法で採用するか」というように，採用する側の立場に学生を立たせてみることでした。
　そのために，志望する就職先業種を学生に尋ね，業種ごとに仮想的な会社を設立し業務内容をくまなく調べるとともに，人事担当者として業務に求められる能力やスキルをリストアップし，そうした資質を備えた人材を見分け

る採用のための手引きをグループで作成してもらいました。最後は各"会社"ごとに採用手順と入社試験問題・面接方法の発表を行い，どこの会社が優れた採用方法を編み出しているかについて，相互に評価し合いました。

　その結果，自分自身の興味や関心が不明確であるために進路の決断ができないという，職業的葛藤状況が授業後に減少するという変化が見られました。また同時に，進路全般に関する意思決定への不安が高まるという傾向も認められました。これは，採用される側から採用する側へ視点を移したことにより，社会で求められる資質や人材についてより深い気づきを得たためと考えられます。採用側の立場に立つ経験を通してよりリアルな現実や情報にふれ，進路の選択や決断に覚悟をもって臨まなければならないことを理解するようになった結果かもしれません。

　さらに，自動車整備士を養成する専門学校におけるコミュニケーション能力や対人関係スキルの向上を目的とした実践を紹介しましょう。現代の自動車整備士は整備技術さえもっていればいいというわけではなく，顧客に対して故障の状況や修理の必要性，整備内容を相手が理解できるように説明する力や，チームで業務に取り組む際の同僚とのコミュニケーション能力が求められます。しかしながら，専門学校の教育課程にはそうしたコミュニケーション能力や対人関係スキルを育成するような授業は，ほとんど組まれてはいません。中村（2013）は，卒業生に対して就職先から指摘されるこうしたスキルや能力の不足を改善するために，顧客満足度（CS）について学生に考えさせる授業を創案しています。

　彼は「接客満足度ナンバーワン企業をつくる！大研究」と題して，さまざまな業種や店舗の接客をミステリー・ショッパー（覆面調査活動）で探究することによって，CSについて理解する活動を行いました。授業ではまず，CSのことばの意味や接客の重要性について解説したうえで，自分が接客を探究してみたい業種や店舗ごとにグループを編成し，調査活動を計画するよう促しました。そして，調査結果をグループで分析することによって，接客において顧客が必ず満足しCSが向上する態度，ふるまい，心構えを『接客

の黄金法則』として模造紙にまとめることを課題としました。彼らの研究成果は教員と学生全員が評価するとともに，成績上位グループには学園祭での発表の機会を与えて来場者に投票してもらい，上位3グループには学校長から表彰状を授与しました。

　用いた尺度得点を分析した結果，CSの重要性についての理解とともに，グループでの協同作業に対する肯定的な認識や，コミュニケーション能力が高まっていることが明らかになりました。また，授業後の記述式アンケートでは，他人の意見をよく聞いたうえでとりまとめることの重要性と困難さ，グループでの意見交換によってよい成果が生まれることへの気づきなど，共感性の大切さの認知に関する記述が目立ちました。

（4）グループ・プロジェクトの幅広い実践可能性

　ここで紹介してきた事例は大学や専門学校の実践でしたが，グループ・プロジェクトはもともと小・中学校や高校での授業のために開発されたものです。この方法は，教師の与える共通テーマのもとで，学習者自らが主体的に選んだ課題について，グループで協力して探究活動を行う，という手順で進められます。したがって，総合的な学習の時間における調べ学習にはもっとも適した授業方式だといえるでしょう。

　グループ・プロジェクトでは，サブテーマという形で取り組む目標の設定に子どもたち自身が関与することから，彼らは学習目標をわが事として受けとめます。また，探究計画の立案にも子どもが直接かかわるよう求められます。その結果，目標を自分たちが成し遂げるべき「めあて」と認識しアクティブに取り組むことにより，教師から与えられたおしきせの目標を達成する場合に比べて，動機づけははるかに高まります。このように，主体的な学びは「主体的であれ」と促すことからではなく，子どもたちが主体的に取り組まざるを得ないような課題状況を構成することによって生まれるのです。

【参考文献】
・牧野典子　著（2010）「看護学の授業における協同的な学びが目標達成に及ぼす効果」『人間関係研究』，9，85-100．
・牧野典子　著（2011）「看護大学の授業における協同学習の効果に関する研究―グループ・プロジェクト法による救急看護学の実践―」『協同と教育』，7，47-56．
・江利川良枝　著（2012）「大学生の主体的なキャリア選択とその支援―キャリア教育プログラムの立案と検討―」『人間関係研究』，11，129-144．
・中村光之　著（2013）「協同学習を用いた社会的スキル習得のための授業プログラムの開発―顧客満足度理解のための教育を通して―」『協同と教育』，9，14-26．
・Y．シャラン，S．シャラン　著（2001）『「協同」による総合学習の設計　グループ・プロジェクト入門』北大路書房

【グループ・プロジェクトの各段階と教師・子どもの役割】

グループ・プロジェクトの各段階	教師の活動	子どもの活動
1　共通テーマを提示し，サブテーマを選んで，これに対応する探究グループを編成する。（2～3時間）	・共通テーマを導入し，興味深い側面に気づかせる。 ・サブテーマを決めさせる。 ・探索的な討論のリーダーをつとめる。	・関心のある疑問点を探す。 ・それらをカテゴリー別に分類する。 ・参加したい研究小グループを選ぶ。
2　何を研究するのか，そしてどのように進めていくのか，グループで自分たちの探究計画を立てる。（1～2時間）	・グループが計画を立てるのを援助する。 ・協同的なグループ活動が行えるように援助する。 ・情報源を見つけるための援助をする。	・何を研究するのかを計画する。 ・情報源を選び出す。 ・役割を割り振り，取り組む課題を分担する。
3　グループで探究活動を実行する。（3～4時間）	・研究のためのスキルを援助する。 ・協同的なグループ活動が行えるように援助する。	・自分たちのもった疑問の答を追求する。 ・多様な情報源から情報を見つけ出す。 ・見つけた知見を統合し要約する。
4　グループで自分たちの発表を計画する。（2～3時間）	・発表の計画を伝え，委員会を組織しながらスケジュールなどを調整する。	・自分たちの見いだした知見のうち何が重要かを決める。 ・クラス全体に対してそれをどのように伝えるかを検討する。
5　グループで発表する。（2時間）	・発表の進行をコントロールする。 ・意見交流を図る。	・発表者は発表内容についてクラスメイトからの意見を求める。
6　教師と子どもが個人レベル，クラスレベルでグループ・プロジェクトを評価する。（2～3時間）	・新しい情報の処理や高いレベルの思考，協同的な行動を評価の観点に据える。	・探究者およびグループメンバーとして，活動の諸結果を理解面も含めて明確にする。

Y.シャラン，S.シャラン（2001）による

6 単元見通し学習(LULU)による授業づくり

(1) 単元見通し学習の進め方

　単元見通し学習(Learning by Understanding the Learning Unit：LULU)は，アクティブ・ラーニング実現のための統合的な授業モデルです。バズ学習の創始者・塩田芳久氏が実践の工夫の中からモデル化したものです。滋賀県の五個荘小学校での実践を紹介した『バズ学習による授業改善』(1981,黎明書房)が初出です。

　単元見通し学習は次のように進めていきます。

①単元という学習内容のひとまとまりでの最終ゴール，すなわち単元の学習課題を設定する。さらに，単元課題に至る下位課題を設定する。

②下位課題と単元課題の内容と単元の学習の手順を学習者に知らせる。すなわち，その単元ではどんな課題に順に取り組み，最後にどんな課題ができるようになるのかを把握させるための時間を設定する。

③それぞれの下位課題については，どのような学び方をするのか，学び方も知らせる(個人で取り組むのか，仲間と解決するのか，教師の話を聞くのか，調べ学習をするのか，など)。

④その単元を学ぶことの価値を知らせる。

⑤見通しで用いたスケジュールに沿って授業を進めていく。授業過程は自主・自律・協同の学びを基本に置いた進め方をする。

⑥単元の最後には単元課題の習得を確かめる振り返りをする。振り返りができるように，確認課題やテストなど，資料・教材を用意しておく。

　単元1時間目は，単元見通しのための時間をしっかりとります。学びの見通しをもたせ，課題に向かうアクティブな構えをつくることが目標です。

（2）単元見通し学習がなぜ効果があるのか

　単元見通しの手続きは，アクティブな学びの構えをつくるためにとても有効です。自分が置かれている学習場面を把握できてはじめて人は自分から学習に向かって動きだすことができます。教師が一方的に子どもを引き連れていくという形では，受け身で学ぶしかありません。

　また，何を学ぶかが明らかになっていると，学習者は自分の頭の中の既習事項を引き出して，新しい学習事項と結びつけることができます。頭の中で整理しながら学べるのです。いわれたことをただ順番につめ込んでいくことに比べると，頭の中のアクティブさの違いの大きさに気づけると思います。

　アメリカの教育心理学者・オーズベルが提唱している有意味受容学習の理論は，この単元見通し学習の効果の理解に役立ちます。彼は学習を有意味学習と機械的学習の2つに分けて考えます。前者は理解学習をさし，後者は丸暗記を意味します。教師の一方的な講義は，受容学習に分類されます。工夫のない講義は丸暗記を強いるものであり，十分な学習成果は見込めません。同じ受容学習でも，学習者が理解しながら学べるなら定着が期待できます。

　有意味学習，すなわち理解学習を促すために，オーズベルは先行オーガナイザーという教材の準備を提唱しています。先行オーガナイザーとは，新しい情報をきちんと位置づけ整理できるようにする引き出しの役目をする情報です。学習の直前に，概説をして大まかな理解の枠組みをつくったり，以前の経験を思い起こさせ，新しい内容がどう結びつくか関連性を知らせたりする情報です。学力の高い学習者ならば自力で関連づけながら理解学習ができます。これは，力の不十分な学習者にも理解学習を可能にする工夫です。単元見通し学習は，有意味学習・理解学習を促す学習ということができます。

　さらに，協同学習でこの工夫を必要とする意味は，見通しが立っていると，課題を理解し合い，見通しを共有し合った形で学習者同士の協同を進められるようになるためです。自律的なグループ活動が同時に期待できるのです。

（3）単元見通しモデルを使った協同学習の授業事例

次に本節の共著者・水谷茂の小学校算数，少人数授業の実践を紹介します。協同で進める単元見通し学習では，単元見通しを単元1時間目に行いますが，そこでつくられたアクティブな学びの構えを維持させるための工夫が，単元を通してなされている必要があります。この事例は，子どものアクティブな学習活動を促す多様な工夫をどのように組み入れているかという事例としても見ていただきたいと思います。

1）単元見通し学習による学びへの準備

協同学習で進める単元見通し学習の進め方で，大切にすべきポイントは2つあると考えます。

①学年・学級の子ども全員が，協同で進める単元見通し学習の学び方を十分に理解している。

②単元に入る際には，教師が単元で学習する内容を概説して，何ができるようになればよいのか，どのような手順で取り組むのか，単元の学習の価値はどこにあるのかを説明して，子どもが見通しをもてる，学びへの積極的な構えをつくるようにする。

また，この実践では，毎時の授業の進め方で次のような配慮，工夫を一貫させました。

①毎時の授業の導入では，子どもに本時の学習目標とそれを達成するための手順をきちんと伝える。単元での位置づけも確認する。

②授業の終わりには，個人とグループの学びを振り返る時間をとる。

③学力の定着を図るために，授業のはじめに復習小テストを実施する。

④単元の途中で中間チェックテストを行い個々の子どもの習熟度を確認する。

4月の最初の算数の時間に，子どもに対して学年全体で協同で進める単元見通し学習のオリエンテーションを2時間行いました。算数は3クラスの各

担任と少人数担当講師1人（水谷）とのティーム・ティーチングととらえての実践です。オリエンテーションは，模擬授業の形で行い，1時間の学習の流れを体験させるというものです。その際に強調したことは，
①目標達成のために全員が力をあわせて活動し，他人任せにはしない。
②さまざまな交流活動を行うので進んで参加する。
③教え合い学び合いを通して一人ひとりが力をつける。

　また，オリエンテーションには，指導チームを組む学年教師が学習方法についての理解を深め共有するねらいもあります。学年全体の学びの質を保ち，到達目標を高めに設定するために必要な確認です。単元の指導に入る際には，その単元の教材や資料をあらかじめすべて準備し，単元の1時間ごとの学習活動を確認し，前単元の指導を振り返り，指導内容の改善策を共有します。

　年間を通して1クラスを集団間等質の2つに分けた少人数編成で実施します。基本的に，この2つのクラスは単元ごとに編成替えをします。1つのクラスはグループ内異質の4つのグループで編成します。誰とでも協力して学び合うことができるように，単元ごとにグループ編成を替えます。

2）実践例　小学校6年生・算数「分数÷分数」

　2016年6月中旬に取り組んだ「分数÷分数」，1単元11時間の実践です。
①単元の目標
〈認知目標（教科の目標）〉
・分数を分数でわる計算問題を，進んで考えようとする。
・分数を分数でわる計算問題を，筋道を立てて解くことができる。
・分数を分数でわる計算ができる。
・分数を分数でわる計算の意味をきちんと説明できる。
〈態度目標（目標達成のための参加態度目標）〉
・司会を中心にして，グループで課題の解き方を全員が順番に発表し，どの解き方が最良か話し合って決められる。
・グループにわからない仲間がいたら，グループ全員で責任をもって教える。

わからない者は，仲間から教えてもらい真剣にわかろうとする。
②単元の指導内容
第1時：単元の全11時間の学習内容を一覧で示した振り返りカードで，単元の達成目標や学習内容を理解させる。小学校5年生の分数の学習内容を復習する。
第2時：面積図を使って，わる数の分子が1のときに逆数をかける意味をグループで話し合ってまとめ発表する。
第3時：分数のわり算を分数のかけ算になおして計算できる理由をグループで話し合ってまとめ発表する。
第4時：帯分数を含む計算，整数÷分数，分数÷整数の計算の仕方をグループで話し合ってまとめ発表する。
第5時：中間チェックテストで習得を自己評価する。分数を使う割合の問題や時間を分数で表す問題の解き方をグループで話し合ってまとめ発表する。
第6時：わり算やかけ算が混ざった計算を，逆数を使ってかけ算だけの式になおして計算するやり方をグループで確認して全体で交流する。
第7時：計算のきまりを利用して，分数の計算問題の解き方をグループで確認して全体で交流する。
第8時：分数÷分数の商は，わる数の大小によってどう変わるのかグループで話し合ってまとめ発表する。
第9・10時：3クラスの合同授業。4コースに分かれて練習問題に取り組む。
第11時：単元テストとチャレンジテストに取り組む。
③単元見通しを与える手続き
　見通しをもたせる折に活用した「振り返りカード」は，振り返りの折に用いるものを使っています。カードにある項目は次のねらいで使うものです。
「今日のめあて」：本時で何を達成すればよいのか具体的に提示する。
「練習問題」：その日に学習した内容が理解できているか自己評価するために練習問題に取り組む。

「自己評価と班評価」：グループ活動で自分や班員が役割をきちんと果たして協力できたかどうか評価する。

「活動に向かう姿」：本時の学習に参加した態度を自己評価する。

「よかったことや反省」：仲間との学習の感想をことばで記述する。

6年 分数÷分数 振り返りカード - 1 -　　　6年　組　番　名前（　　　　　　　）

自己評価（役割・協力）　A：きちんとできた　B：まあまあできた　C：あまりできていない　D：まったくできていない
班　評　価（班全員）　A：しっかり協力した　B：まあまあ協力した　C：あまり協力していない　D：まったく協力していない
活動に向かう姿　①：進んで活動に参加した　②：仲間から学ぶことができた　③：仲間に説明することができた　④：忘れ物なし

時	ページ	今日のめあて	学習したことを確かめよう	記評価	班評価	仲間と学習してよかったことや反省を書こう
1　6/	53	○分数を整数でわるときの計算の意味を説明しよう。○5年生の学習内容を復習しよう。・リスタタイム　今日のリスタ　／	☆2時間で畑を$\frac{3}{5}$ha耕しました。1時間あたり耕した面積は何haですか。（式）　　答え_____	活動に向かう姿	①（　）②（　）③（　）④（　）	
2　6/	54 55 56	○面積図を使って、わる数の分数の分子が1のときに逆数をかける意味を説明しよう。・リスタタイム　今日のリスタ　／	☆次の計算をしましょう。途中の式もかきましょう。①$\frac{2}{3}÷\frac{1}{5}=$　②$\frac{5}{7}÷\frac{1}{2}=$	活動に向かう姿	①（　）②（　）③（　）④（　）	
3　6/	57	○分数のわり算では、なぜわる数の逆数をかけて計算するのか説明しよう。・リスタタイム　今日のリスタ　／	☆次の計算をしましょう。途中の式もかきましょう。①$3÷\frac{1}{6}=$　②$\frac{6}{7}÷\frac{2}{7}=$	活動に向かう姿	①（　）②（　）③（　）④（　）	

6年 分数÷分数 振り返りカード - 2 -　　　6年　組　番　名前（　　　　　　　）

自己評価（役割・協力）　A：きちんとできた　B：まあまあできた　C：あまりできていない　D：まったくできていない
班　評　価（班全員）　A：しっかり協力した　B：まあまあ協力した　C：あまり協力していない　D：まったく協力していない
活動に向かう姿　①：進んで活動に参加した　②：仲間から学ぶことができた　③：仲間に説明することができた　④：忘れ物なし

時	ページ	今日のめあて	学習したことを確かめよう	記評価	班評価	仲間と学習してよかったことや反省を書こう
4　6/	58	○帯分数を含む計算や整数÷分数、分数÷整数の計算の仕方を説明しよう。・リスタタイム　今日のリスタ	☆次の計算をしましょう。途中の式もかきましょう。①$2\frac{1}{4}÷3\frac{3}{4}=$　②$3\frac{1}{9}÷7=$	活動に向かう姿	①（　）②（　）③（　）④（　）	
5　6/	61	○分数を使った割合の問題や時間を分数で表した問題の解き方を説明しよう。・中間チェックテスト　中間チェック　／60	☆理科図鑑は1500円で、これは、国語辞典の値段の$\frac{3}{4}$にあたります。国語辞典は何円ですか。（式）　　答え_____	活動に向かう姿	①（　）②（　）③（　）④（　）	
6　6/	62	○逆数を使って、かけ算やわり算が混じった計算をかけ算だけの式に直して計算するやり方を説明しよう。・リスタタイム　今日のリスタ　／	☆次の計算をしましょう。途中の式もかきましょう。①$\frac{3}{4}÷\frac{6}{5}×0.4=$　②$6÷9×18=$	活動に向かう姿	①（　）②（　）③（　）④（　）	

6年 分数÷分数 振り返りカード -3-　　　6年　　組　　番　名前（　　　　　）

自己評価（役割・協力）　A：きちんとできた　　B：まあまあできた　　C：あまりできていない　　D：まったくできていない
班 評 価（班全員）　　A：しっかり協力した　　B：まあまあ協力した　　C：あまり協力していない　　D：まったく協力していない
活動に向かう姿　①：進んで活動に参加した　②：仲間から学ぶことができた　③：仲間に説明することができた　④：忘れ物なし

時	ページ	今日のめあて	学習したことを確かめよう	配慮	評価	仲間と学習して良かったことや反省を書こう
7 6/	63	○計算のきまりを利用して、分数の計算問題を解く計算の仕方を説明しよう。 ・リスタタイム 今日のリスタ　　／	☆次の計算をしましょう。途中の式もかきましょう。 ① $(\frac{5}{6}+\frac{1}{3})\times\frac{6}{7}=$ ② $\frac{1}{2}\times\frac{3}{5}+\frac{1}{3}\times\frac{3}{5}=$	活動に向かう姿	①（　） ②（　） ③（　） ④（　）	
8 6/	59	○分数÷分数の商とわられる数の大小関係を比較して、わる数と商の大きさの関係を言えるようになろう。 ・リスタタイム 今日のリスタ　　／	☆次のわり算の式を、商の大きい順に並べて記号で答えましょう。(計算をしないで答えましょう) ① $180\div\frac{5}{6}$　② $180\div\frac{7}{5}$ ③ $180\div\frac{6}{5}$　④ $180\div 1$ 答え_____→_____→_____→_____	活動に向かう姿	①（　） ②（　） ③（　） ④（　）	

6年 分数÷分数 振り返りカード -4-　　　6年　　組　　番　名前（　　　　　）

自己評価（理解）　A：しっかり深まった　　B：かなり深まった　　C：あまり深まっていない　　D：まったく深まっていない
活動に向かう姿　①：進んで学習に取り組んだ　②：仲間（先生）から学ぶことができた　③：仲間に解き方を説明できた

時	学習題	今日のめあて	自己評価	コース別学習をして良かったことや感想を書こう
9 6/	コース別学習	○分数÷分数の単元で学習した内容を、コース別学習でさらに理解を深めよう。 ☆コース名（　　　） コース別学習のプリントは何番まで進みましたか。	①（　） ②（　） ③（　）	
10 6/		○分数÷分数の単元で学習した内容を、コース別学習でさらに理解を深めよう。 ☆コース名（　　　） コース別学習のプリントは何番まで進みましたか。	①（　） ②（　） ③（　）	

☆　分数÷分数の学習を振り返りましょう。グループ（班やジグソー）で取り組んだ活動をやり遂げるために役割分担したことや協力したことについて、よかったことを2つ、直したい（こうするともっとよくなる）ことを1つかきましょう。

単元の導入での単元見通しは次のように進めます。

　振り返りカードには，1時間ごとの学習のめあてとそれに該当する教科書のページを載せてありますから，振り返りカードの1時間ごとのめあてと教科書の該当ページとを参照しながら，1時間ごとに何ができればよいのか大

まかに伝えます。そして，今はできなくても学習後には，全員が振り返りカードに載せてある練習問題をできるようになることを伝え，学習の見通しを与え，「できそうだ」という期待にもとづく意欲を高めます。

④授業の中でのさまざまな工夫

a　導入時の工夫

・毎時，「本時の学習の流れ」を書いたプリントを配り，子どもが見通しをもって1時間の学習を進められるようにした。
・子どもが復習小テスト（リスタプリント）に取り組んでいる時間は机間観察を行い，つまずいている子どもの把握に努めた。

〈分数÷分数　7／10時間目〉学習の流れ

1　リスタタイム（個別）5分
2　本時の目標と学習の流れを知る（全体）
3　プリント1の問題に取り組む（全体）5分
　　・かけ算の順番を入れ替えても答は同じになることを理解する。
4　プリント2の問題に取り組む（全体）10分
　　・いろいろな方法で計算する。
　　・1つ1つの計算のやり方を理解する。
5　プリント3の問題に取り組む（個別）5分
　　・座席1番は①，座席2番は②，座席3番は③，座席4番は④の問題を担当して，計算のやり方の説明を書く。
　　・数字だけではなく，ことばによる説明も入れる。
6　同じ座席番号の人が集まって，担当した問題の説明の仕方を確認し合う
　　　　　　　　　　　　　　　　　　　　　　　　（ジグソー交流）5分
7　自分のグループで，担当した問題の解き方を発表する（ジグソー交流）8分
　　・よくわかる発表ができたら発表欄に○をつける。

【学習の流れを示すプリントの例】

b　展開時の工夫
・毎時間，その時間に学習する内容に関する問題などをＡ４判両面刷りのプリント１枚にまとめ，子どもに提示する。取り組む際には個人で考える時間を必ず確保し，一人ひとりの子どもが自分の考えをもって，交流活動に臨めるようにする。個人で考える時間では，わからない子どもに対して，教師がヒントカードで気づきを促したり，ともに考えたりして，子どもが自分の意見をもてるよう支援した。
・本時の中心課題は，グループで話し合ってまとめ，全体に発表することを基本とした。
・交流活動では，さまざまな交流の手法を用いた。グループ協議の際は，司会や発表や記録などの係を輪番にして，参加の平等性を心がけた。グループでの話し合いでは，質問し合ったり理由を尋ね合ったりして，メンバー全員がきちんと理解し合って発表に臨むことを求めた。

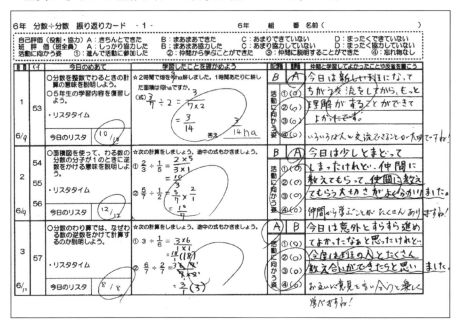

【振り返りカード記入例】

・展開の後半では，本時の学習の確認問題を行うことが多い。確認問題については，教師による個別チェックを基本とした。本時の内容が確実に理解できているかどうか質問するなどしてグループの話し合いの内容をチェックした。早く終わった子どもには補充問題を用意した。

c　整理時の工夫

・授業のまとめとして，毎時間，子どもに本時の活動について振り返りカードを使い，自分とグループの活動を評価させた。子どもの記入例を前ページに示す。

⑤その他のプリント，テストの工夫

a　復習小プリント（リスタプリント）

　学習した直後には解けた問題も，時間の経過とともに解き方を忘れてしまう子どもは多くいます。そこで，短時間で学習内容を復習し学力の定着を図るために，リスタプリントと名づけた復習小プリントを毎授業開始と同時に3分間行います。結果を振り返りカードに記入して累積させ，自分の学びの定着状況を目に見える形で把握できるようにします。使用したリスタプリントは増し刷りし，少人数教室後方のロッカーに番号ごとに整理して置いておき，子どもがいつでも復習できるようにしています。

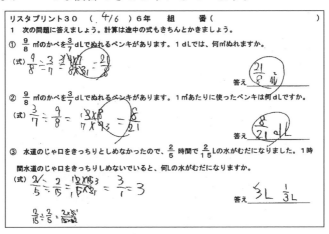

【リスタプリント】

b 算数プリント

　計算はできても，文章問題になると急に正答率が下がる，文章を読みとって関係を式に表す力が不足している，といった子どもが多くいます。そこで，毎時間，教科書に準拠した算数プリントを配付します。プリントに盛り込んだ内容は，その時間の中心課題について箇条書きで説明することや課題に関連した練習問題，子どもの力を伸ばすための発展問題などです。A4判の両面印刷のプリントにしてあり，少なくとも練習問題までは全員が終わるように求めます。中心課題は，個人で説明を考えてからグループで解き方を確認し合った後，全体に発表することを基本にします。

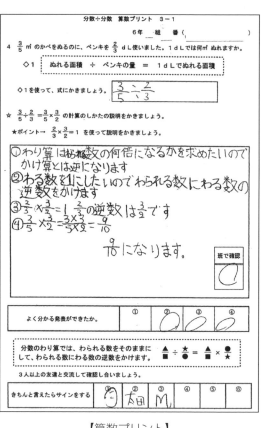

【算数プリント】

　また，学習過程についての自己評価，相互評価の記入を求めます。

⑥単元の流れの中で取り入れた仕掛け

　a　中間チェックテスト

　単元指導の途中に，中間チェックテスト（10分間の取り組み）を組み入れ，自分の学びを自己評価する機会を設定します。単元の既習内容の問題を解いて自分の取り組みを確かめることは，後半の学習に対する大きな意欲づけになります。「分数÷分数」の単元では，指導第5時にチェックテストを実施しました。学年平均到達度84.0（児童数78人）という結果は，全体的に理解

が進んでいると判断できます。ただし、到達度60未満の子ども（7人）には、昼の休憩時間に補習をしたりコース別学習で基礎的な内容を指導したりしました。その結果、指導第11時に行った単元テストの学年到達度は86.7に上がり、到達度60未満の子どもは2人に減少しました。

b　コース別学習

学力異質の集団で編成した少人数学級で単元内容を学び終えた後、個々の習得を高めるために習熟度別学習を2時間実施しました。学年3クラスを解体してAからDの4コースを設定し、子ども自身が学習するコースを選ぶようにします。ちなみに、A・Bコースは、

【Dコースの学び】

仲間と相談しながら問題を解いていくコース設定であり、C・Dコースは、教師の指導を受けながら理解を確かにしていくコース設定です。それぞれの参加人数は、Aコース34人、Bコース30人、Cコース8人、Dコース6人でした。コース別学習では、単元で学習した内容の復習から発展的な問題まで順に組み込んだプリントを10枚用意しました。このコース別学習は、年間に8単元で12時間実施する計画を立てています。

c　チャレンジテスト

単元テストは45分間で実施します。テストまでのさまざまな取り組みで十分に力をつけているので、多くの子どもは単元テストを半分以下の時間で終えてしまいます。そこで、さらに力を伸ばすために発展的な内容を中心としたチャレンジテストにも取り組ませています。今回の分数÷分数の単元のチャレンジテストの到達度は48.5であり、50.0と設定した到達度には届きませんでした。基本的な問題は解けるけれど、文章題を中心とした難易度の高い問題を解く力が不足していたのですが、一方、白紙状態の子どもが少なく、取り組んでみようとする意欲が育っていることがうかがえました。

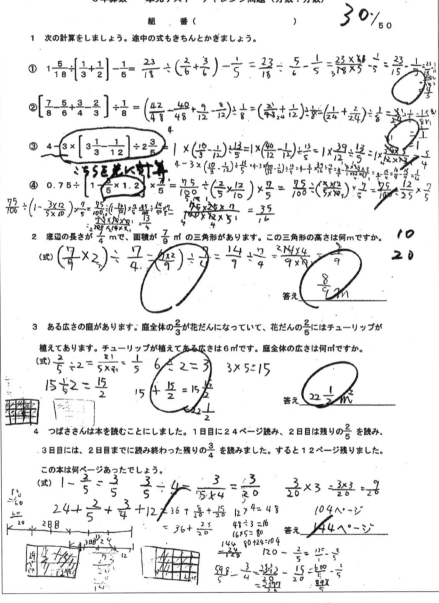

【チャレンジ問題と子どもの取り組みの例】

3）おわりに

　単元見通し学習では，子どもは，単元のゴールとそこに到達するための段階的な目標をきちんと理解してから単元の学習に取り組みます。毎時間ごとに，課題解決の道筋がはっきり示されているので，自ら学びに向かうことができるのです。アクティブ・ラーニングの要件といえます。

　さらに，仲間と支え合い励まし合いながら安心して課題解決を図ることができます。仲間との交流活動が多いので授業を楽しく感じることができ，高い意欲で学びに向かえます。

　単元に入るときにはとても解けそうもないと思えた問題も，単元終了時には解くことができるようになっていて，子ども自身が学力の向上を実感できます。仲間と支え合ってともに活動するからこそ乗り越えられる道筋なのです。

　子どもにとって何よりも必要なことは，成功体験と達成感を積み重ね，自分はやればできると思えることです。

　単元見通し学習で指導をはじめてから４年目になります。昨年度までの３年間，子どもの単元テストの年間到達度は80％を常に超えています。2016年度も，これまでに４単元の学習が終了していますが，終了した単元テストの到達度は下の表の通りです。

【2016年度６年生算数単元テスト到達度割合】

到達度	60未満	60〜69	70〜79	80〜89	90〜100	学年到達度
対称な図形	2.6	5.1	9.0	15.4	67.9	90.3
文字と式	2.6	0.0	3.8	14.1	79.5	92.6
分数×分数	0.0	3.8	3.8	15.4	77.0	92.8
分数÷分数	2.6	5.1	17.9	25.7	48.7	86.7

（３クラス78人の結果）

単元テストの結果からも，仲間との学び合いを中心に据えた学習が，多くの子どもにやる気と自信を与えていることが感じられます。

　それぞれの子どもが，もっている能力に応じて学力を伸ばしながら，仲間と課題解決に向けた取り組み方を身につけたり，おたがいに信頼する気持ちを高めたりしながら人間関係を育むことができる単元見通し学習の可能性は大きいと感じています。

　単元見通し学習という授業モデルは，学びのマップをしっかりと学習者に与える手続きと，協同的な学習集団形成を図りながら授業を進めていくという内容の，協同学習の要素を統合的に組み入れたものです。

　単元内の個々の授業時間では，教材や子どもの状況に応じてさまざまな工夫を入れていきます。ジグソー法やLTD，看図アプローチの応用やマインドマップの活用にとどまらず，ICTも単元見通し学習の学習過程に積極的に導入することによってアクティブ・ラーニングの要件を増やしていくことが可能なのです。

【参考文献】
・塩田芳久・横田証真　編著（1981）『バズ学習による授業改善』黎明書房
・杉江修治　編著（2004）『バズ・単元見通し学習の理論と実践事例』一粒社
・犬山市立城東小学校5年生学年教師グループ　著，杉江修治・水谷茂　監修（2011）『単元見通し学習への挑戦　子どもの主体的な学びを促す「学びのマップ作り」』（協同教育実践資料15），一粒書房

第6章
アクティブな学びを支える教師集団をつくる

1 教師集団づくり

（1）教師の協同づくり

　協同学習では，しばしば「教師の協同」を提案しています。教師集団がアクティブな学びづくりという課題意識を共有し，高まり合いの意欲をもち合い，子どもの成長をめざして一致団結して実践にあたり，素晴らしい力を発揮するという事例に，折々に出合うのです。

　協同学習の原理は，子どもの学びだけの原理ではありません。集団の，そして集団のメンバー個々の成長の原理なのですから，教師集団でもこれを踏まえることが有意義であることはいうまでもありません。

　よりよい指導をしたい，より効果的に子どもの成長を支援したい，といった願いは，教師ならば誰でももっています。それを仲間でしっかりと理解し合う必要があります。よりよい学校の姿を追求し合う仲間だという信頼関係をもち合えるようになることが大事です。

　協同が集団のメンバーにもたらす効果の源泉，すなわち，支援し合う仲間の間にあってこそ一人ひとりの意欲が高まるということ，また高め合うために自由で積極的な意見交流，経験交流ができること，この2つが機能する集団づくりが目標となります。

（2）教師の協同にどうせまる？

　教師の協同には，学校としての教育成果を上げるという共有の課題意識を踏まえて，その実現が可能なように個々の教師の力量を上げていくというねらいがあります。子どもたちと同様，教師にもさまざまな個性があります。

したがって，一律の手法で同一歩調をとる形の研修や実践を強いることは乱暴であるように思います。協同は，同時に個性にも応じた形で進められる協奏曲のような原理として理解すべきです。

そこでは一人ひとりの個性を認め合い，共有する課題に力をあわせて挑戦していくという図が必要になります。それが学校の課題を解決するもっとも効果的なあり方ではないでしょうか。

協同学習を取り入れるに際して，1時間に1回はグループ活動を入れよう，机の並べ方はこの形に統一しよう，などと，形を共有することから実践をはじめることは効果的ではないことが多いようです。新しい実践手法を取り入れる際，「まず形から入る」という取り組みに出合います。しかし，そういう発想は，すでにその時点で教師集団のメンバー相互の信頼が薄いことを示しています。

講義が得意な教師は，それを軸にした授業改善に挑戦することからはじめればいいでしょう。協同的な学びを促すあるモデルがよさそうだと思った教師は，そこから挑戦をはじめればいいでしょう。常に，教材や子どものようすに応じた工夫が，教師自身の個性を踏まえてなされる必要があります。課題が共有され，仲間がみんなそこに向かっているという認め合いがあればいいのです。教師の協同は，形の協同ではなく，核心のところでの協同であるべきです。個々の教師が主体的に発想できるところに価値があるのです。

ただでさえ，教師はさまざまな縛りの中にいます。それをさらに縛るような実践研究体制はつくるべきではありません。学び合い，高め合い，認め合い，励まし合う教師集団づくりが必要です。

2 研修のポイントはどこにあるか

（1） 研究テーマ設定の工夫

　多くの学校の研究テーマで，特定の教科や領域をあげている事例に出合います。ただ，これまで多くの研究校にかかわってきましたが，教科をテーマにした研究は，それが一段落した後に，その学校の文化の中に成果が残らないという印象があるのです。

　ただし，1つの教科から実践全般を見なおすというアプローチは可能です。教科教育法という学問は「どう教えるか」に力点が置かれていることが多いのですが，「どう学ばせるか」に視点を移動させると，他の教科，領域にも援用できる工夫が非常に多いことに気づきます。他教科への広がりを常に意識した研究であるべきです。

　この視点があれば，中学校・高校における「教科の壁」などというものはさほどの障壁ではないことがわかります。教科を超えた議論は，共有する課題追求のうえで，とても意義あるものとなります。

　バズ学習の創始者・塩田芳久氏は「違いより共通するところに目を向けよ」と常にいっていました。教科，学年，さらには小・中・高校といった校種の違いを超えて，人の学びには共通する原理があります。交流の少なかった他教科，他学年の仲間との交流は刺激的です。新たな発見が必ずあります。

　実業系の高校などでは，座学の教科担当者と実習系の教科担当者は在席する場所も違い，交流は多くありません。しかし，合同で研修に参加すると，実に自然に話し合いがはずんでいきます。子どもをよりよく育てたいという願いは共通しているからです。そして交流の経験は，たがいの信頼を強める機会となります。

（2）若手の成長支援

　近年の若手教師の増加は，子どもに近い年齢の教師が増えたという点では歓迎すべきことでしょうけれど，同時に彼らの経験をどのように高め，深めていくかという課題ももたらしています。校内での実践研究では，ときには意図的に若手の成長支援のプログラムを入れ込んでいく必要も出てきそうです。事実，それを行っている学校とそうでない学校では，学級経営に差が出て，ときには学校の落ち着きにも違いが出ています。

　若手の成長支援は，同時に経験のある教師の研修機会ともなります。自分の経験をアドバイスという形にすることにより，自分の実践を確認でき，改善の糸口をつかむ機会となります。意見を交わす機会が多いほど，自分の立ち位置が理解でき，教育に関する考え方，進め方など，次に進む手がかりが得られるのです。このことは，若手もベテランも同様です。

　私も参加した犬山市の事例があります。夏休みに若手の授業づくりの集中的な研修をもったというものです。若手教員があらかじめ作成した，秋に実践する１単元分の指導案の検討会を３日にわたり実施したのです。

　時間のとれる若手，ベテランがそこに参加しました。毎回７～８人の参加がありました。ベテランからは教材解釈，子どもの動かし方など，経験に裏打ちされた助言が数多く出されました。若手の同僚からは，仲間の指導案を手がかりに，自分自身の課題についての質問も出されました。

　この研修の単元は，秋に実施されましたが，その際，実践した若手は，毎時間の授業の振り返りも行いました。結果をベテランも含む学年の教師集団で検討することになりました。

【指導論の研修で意見交換をする教師集団】
（板橋区立向原小学校で）

第6章　アクティブな学びを支える教師集団をつくる

（3）「研究的実践」の文化づくりが大事

　教師は教育工学者，すなわち，教育学・教育心理学で見いだされた「原理」を役立つように応用する学問の従事者だということができます。
　教師の仕事をより有意義にするためには，毎回の実践に工夫を重ねていかなくてはいけません。残念ながら，日々の実践は同時に研究だという考えは，実践現場に定着しているとはいえません。教師の仕事は実践であり，研究ではないというような，研究的な関心が実践にはじゃまになるといわんばかりの風潮に時折出合います。研究のための研究は実践の場には不要でしょう。しかし，実践を改善するためには，漠然と経験を重ねるのではなく，研究的なアプローチが必要です。
　授業の準備に際しては，教材や子どもの特性を踏まえて，今回はこの工夫がよいはずだ，という予想があるはずです。さらに，理由はこういうところにある，と経験や研究情報を根拠にして一歩進めた考えをもつことにより，その予想は仮説，すなわち根拠のある予想になります。授業や指導はその予想や仮説を立証する機会です。
　実践の後に必要なのは，その実践の振り返りです。振り返りの視点はあらかじめ決めておきたいものです。今回の工夫は次回のどんな場合に使えるか，他の機会ではどのようにアレンジすると効果的か，どの子たちに効果があり，どの子たちにはさほどの効果はみられないのか，などなど，授業改善の情報は，実践評価の視点が決められていてこそしっかり得られることになります。
　この，仮説・予想を立て，それを検証する指導過程をつくって実践し，振り返るという3つのステップを意図的に組み込んだ実践を「研究的実践」と呼びます。日常が研究的実践であることは，身についてしまえばつらいことではありません。新しい仮説を追求する喜びが生まれます。
　また，職員室の話題が，実践に直接かかわる内容に大きく変化していきます。話題の変化はよりよい教育をつくり上げたいという教師がもつ願いを共

有することであり，仲間相互の信頼性を高めることにもなります。

（4） 参加度を高める研修の進め方

　最近は教育委員会主催の研修会などもスタイルが変わってきています。受け身の研修からの脱却が試みられてきているようです。校内研修も，一部の教師だけの発言で終わるようなスタイルはずいぶん減りました。

　協同学習の実践校では，アクティブな研修を可能にすべく，研修の進め方にも工夫を加えている学校がほとんどです。学び合いのよさに気づいていることもその理由だと思います。

　一人ひとりの参加度を高めるためにスモールグループでの意見交流からはじめる学校が増えています。話し合いを効率的に行うために，あらかじめ研究授業参観の折にすでに議論の観点が決められていることも多いようです。また，話し合いの結果を形に表すために，拡大コピーした指導案やKJ法の作業をする用紙，意見をまとめて書くホワイトボードといった用具がしばしば準備されています。

　話し合いの成果の共有のために，グループごとに発表することが多いのですが，より参加の密度を上げようと，他のグループの仲間とペアで伝え合うスクランブル活動を取り入れるなどの工夫をしているところもあります。

　なお，研修の成果をレポートなどの形で残し，積み上げていく試みがなされているかいないかは学校が変わるための重要なポイントといえます。

【研修ステップ１：グループでの意見交換（犬山市立城東小学校）】
【研修ステップ２：グループの話し合いの内容をスクランブル活動で広げる（同上）】

あとがき

　授業では，部活のときのような子どもたちの生き生きとした姿が見られないという話はしばしば聞きます。部活を通して，授業では養えない大事な力を子どもに届けることができると感じている教師も多いのではないかと思います。

　部活，とくに運動系の部活やブラスバンドのような技能が求められるような部活では，部員一人ひとりの技量はたがいに明白です。それでも，技量の高い者は個人としてさらに努力し，仲間はそれを応援します。技量の低い者は高い仲間がいることで目標ができ，そこに近づくべく努力をします。また，部全体の底上げという共通理解のもとに，技量の高い者はそれに及ばない仲間に対して支援を惜しみません。

　「よりよくなりたい」という一人ひとりの意欲の認め合いがあり，そのための学び合い，高め合いがあり，励まし合いがある。そして集団として高まるという価値を共有しているのが部活だといえるように思います。

　子どもたちの幅広い成長を願う教師には，部活という，授業以外の機会が貴重なものと感じられることは理解できます。

　ただ，私には，授業と部活がそれぞれ別々の教育機能をもっているとは思えないのです。そこには何か思い込みがあるのではないでしょうか。

　授業こそ一人ひとりの子どもたちの成長の場として重要です。それを，教科の知識・理解だけの場だと狭くとらえている限りは，部活とは別立ての学びの機会となってしまいます。

　授業は部活とどこが違うのでしょうか。部活のような活発な活動ができない，またはさせないという，何か思い込みが，子どもにも教師にもあるのではないかと思うのです。強固な「できる－できない」というものさしの存在がその大きな理由ではないかと考えます。

　たとえば，走る速さに個人差があるように，学習の早さにも個人差があり

ます。得意な分野,不得意な分野もあるはずです。しかし,努力すれば,その子ども個人としての成長は相当可能です。その成長の手ごたえが大事だという文化が定着すれば,授業でも,部活と同じような明るい挑戦が可能となるのではないでしょうか。

協同学習では,協同的な集団の中で学習活動をつくっていく実践が重ねられてきています。協同がもたらす意欲づけが学習を促進することは自明なこととなっていますが,あわせて人間関係,コミュニケーション能力,対人理解など,豊かな同時学習も可能な実践論です。学び合いの過程には,発言できた,意見を聞いてくれたといった活動にはじまる成功体験の機会があふれています。

授業が,単なる知識・理解の機会ではなく,部活と同じような幅広い成長の機会になるならば,子どもたちの顔は授業でも,もっともっと明るくなるはずです。学力とは何か,それを問い返しとらえなおすことで,協同の学びの意義が明確になってくると思うのです。

子どもが顔を輝かせて,楽しそうに協同の学びに臨む授業を実現している中学校の先生が「うちの生徒は高校に進学してから評判がいいんです。活躍している話を聞きました」と話してくれました。自分で学びに挑戦することのよさがわかり,仲間を信頼することを学んだ子どもが進学先で生き生きとした生活を送っている。協同原理にもとづく教育の成果だと感じます。学びはわが事,自分には応援してくれる仲間がいる,こういった力を協同の学びで身につけることで,アクティブ・ラーニングがめざす学力を実現することができると考えられるのです。

公教育の役割は人材育成にあります。それも,即戦力の使い捨ての人材育成ではなく,新しい時代を切り拓く底力のある人材育成でなくてはいけません。「教え」から「学びの支援」に教師の仕事を切り替える,そのきっかけとして本書が役立てばと思います。

編著者

【共著者】

安永　悟　　久留米大学文学部教授（第5章2を分担）
岡田　範子　鳥取県立鳥取湖陵高等学校教諭（第5章2を分担）
鹿内　信善　福岡女学院大学人間関係学部教授（第5章3を担当）
舟生日出男　創価大学教育学部教授（第5章4を分担）
井上　光広　東京都文京区立誠之小学校副校長（第5章4を分担）
石田　裕久　南山大学人文学部教授（第5章5を担当）
水谷　茂　　元愛知県公立小学校校長・愛知県犬山市立羽黒小学校講師
　　　　　　日本協同教育学会認定トレーナー（第5章6を分担）

【編著者紹介】

杉江　修治（すぎえ　しゅうじ）
中京大学国際教養学部教授
主要著書　『バズ学習の研究』風間書房（1999）
　　　　　『子どもの学びを育てる少人数授業』
　　　　　　　　　　　　　　　明治図書（2003）
　　　　　『大学授業を活性化する方法』
　　　　　　　　　　　　玉川大学出版部（2004）
　　　　　『協同学習入門』ナカニシヤ出版（2011）
　　　　　　　　　　　　　　　　　　　　ほか

協同学習がつくるアクティブ・ラーニング

2016年11月初版第1刷刊	ⓒ編著者	杉　江　修　治
2017年3月初版第2刷刊	発行者	藤　原　光　政
	発行所	明治図書出版株式会社

http://www.meijitosho.co.jp
（企画）茅野　現（校正）嵯峨裕子
〒114-0023　東京都北区滝野川7-46-1
振替00160-5-151318　電話03(5907)6701
ご注文窓口　電話03(5907)6668

＊検印省略　　　　組版所　株式会社カシヨ

本書の無断コピーは，著作権・出版権にふれます。ご注意ください。

Printed in Japan　　　　　ISBN978-4-18-198914-9
もれなくクーポンがもらえる！読者アンケートはこちらから →

好評発売中！

1日15分で学級が変わる！
クラス会議 パーフェクトガイド

諸富　祥彦　監修／森重　裕二　著

A5判・136頁・本体1,900円+税　図書番号：1864

　朝の15分間を使って行うだけで、学級が変わるクラス会議。クラス会議を長年行ってきた著者が、クラス会議の導入の仕方、成功するコツ、おススメアクティビティなどを紹介。学校や保護者へのクラス会議説明プリントの見本もついた、まさにパーフェクトな解説本です！

学級経営サポートBOOKS
クラスがみるみるまとまる「毎日レク」
準備ゼロでできるインプロゲーム＆アクティビティ

栗原　茂　著

A5判・144頁・本体1,900円+税　図書番号：1865

　遊びを通して、協力する力や創造力を育てる。そしてみるみるクラスがまとまっていく。本書では、そんなインプロゲームやアクティビティを4コマ漫画とともに60例紹介。
　ミラーゲーム、猛獣狩りに行こうよなど、一風変わった遊びでクラスが変わります！

明治図書　携帯・スマートフォンからは　明治図書 ONLINE へ　書籍の検索、注文ができます。▶▶▶
http://www.meijitosho.co.jp　＊併記4桁の図書番号（英数字）でHP、携帯での検索・注文が簡単に行えます。
〒114-0023　東京都北区滝野川7-46-1　ご注文窓口　TEL 03-5907-6668　FAX 050-3156-2790

＊価格は全て本体価格表示です。